Dominique Lormier

# LA RESISTANCE DANS LE SUD-OUEST

SUD OUEST

## REMERCIEMENTS

L'auteur tient à remercier toutes les personnes qui l'ont aidé dans ses recherches pour la rédaction de cet ouvrage :

Madame Pommiès du Centre Jean Moulin de la Résistance. Bordeaux.
Madame la Générale Pommiès.
Monsieur Louis Anglade, président du Corps Franc Pommiès.
Médecin-capitaine Guy Bourcart.
Monsieur Paul Memain, président de la brigade Carnot.
Général Marcel Céroni.
Monsieur Guy Labédan.
Monsieur l'Ambassadeur Guy Lacoste.
Monsieur Roger Peré.
Capitaine André Dartigues.
Monsieur Rolland Villeneuve.
Monsieur Pierre Bécamps, Docteur es-lettres.
Commandant Deleuze, Service Historique de l'Armée.
Monsieur Claude Robert du Musée Militaire de Bordeaux.
Colonel Lagarde.
Monsieur Pierre Crockaert.
Colonel Viard.

*A ma femme et à mon fils,*
*A mes parents et à mes frères.*

*«Prendre des risques est une question d'honneur.»*
*Capitaine Bernard Brézet, 1943.*

# Préface

Au cours des années noires de la $2^e$ guerre mondiale, le Sud-Ouest a apporté son tribut à la réaction qui permit à notre pays de relever la tête face à l'ennemi. Ce combat mené au quotidien par des hommes et des femmes qui refusaient l'abdiquation était, pour la majeure partie, discret mais permanent. Cependant c'est cette permanence, cet appui qui assura aux groupes et réseaux de résistance leur survie dans l'action.

Dans chaque ville, dans chaque village, des jeunes gens entraient dans la clandestinité.

Ainsi en Dordogne les maquis apparurent très tôt et dès 1942, la fusion des trois grands courants de résistance de la zone sud, «Combat», «Franc-Tireur» et «Libération» permit à l'Armée Secrète de se structurer.

D'autres, émanant de formations militaires, ne se résignaient pas à la défaite de juin 1940 et à la dissolution de l'armée d'armistice.

Ainsi le lieutenant-colonel Pommiès qui groupa autour de lui une poignée d'officiers d'active qui, animés d'une même foi, voulaient maintenir une armée sur le sol national pour une première place dans les combats pour la Libération.

Le Corps Franc qu'il a créé mènera de dures batailles et jouera un rôle moteur dans le retour à la liberté de la région pyrénéenne.

Fin Août 44, le Corps Franc Pommiès se scindera en deux : la Brigade Carnot poursuivra sa marche vers Bordeaux qu'elle atteindra au soir du 25 août avant de participer aux combats de la Pointe de Grave, tandis que le reste de la troupe fera mouvement vers le Morvan pour une longue marche qui conduira les hommes du Corps Franc jusqu'au défilé de la victoire à Berlin en 1945.

Les haut-faits d'armes de ces résistants, qu'ils soient passés à la postérité ou demeurés anonymes, doivent être inscrits dans toutes les mémoires comme une volonté collective de ne pas céder à la barbarie pour que demeure dans notre pays cette liberté à laquelle nous sommes viscéralement attachés.

Jacques Chaban-Delmas

# PREMIERE PARTIE

# LA GIRONDE OCCUPEE

# CHAPITRE I

# BORDEAUX A L'HEURE ALLEMANDE

Dans la nuit du 19 au 20 juin 1940, six bombardiers allemands Heinkel H-111 survolent la ville de Bordeaux et lancent 68 bombes. Ce premier bombardement sur la préfecture de la Gironde fait 63 morts et 185 blessés.

Bordeaux sera encore pendant 11 jours la capitale provisoire de la défaite. Le 1er juillet, le gouvernement Pétain va s'installer à Vichy pour quatre années. Le même jour, la Wehrmacht entre dans la métropole du Sud-Ouest, musique en tête, armes sur l'épaule, têtes casquées. Les quelques curieux rassemblés aux alentours des allées de Tourny découvrent une armée parfaitement disciplinée. Mais la troupe défilera le plus souvent devant des volets clos.

Les autorités françaises qui subsistent, le préfet Bodenan et le maire Adrien Marquet, cohabitent tant bien que mal avec les nouveaux occupants. L'un des immeubles de la rue Vital-Carles devient la résidence du général von Faber du Faur, descendant d'une famille française de Huguenots qui se réfugia en Allemagne au XVIIe siècle. La cité universitaire, rue de Budos, se transforme en Feldkommandantur ; tandis que l'hôtel Ballande, place Pey-Berland, devient le siège de la Kommandantur.

Les casernes de la ville sont rapidement occupées par les troupes du général Kleitz. A la fin du mois d'août, l'officier SS Hagen s'installe discrètement avec 8 de ses agents à bord du yacht du roi des Belges laissé à quai en juin. Hagen doit organiser la surveillance des côtes de l'Atlantique sud. En janvier 1942, le siège de la Gestapo se trouve au numéro 197 route du Médoc, au Bouscat, dans une superbe demeure style Belle-Epoque. Le SS Friedrich Wilhem Dhose commande une centaine d'agents et auxiliaires de la Gestapo. Certains sont recrutés parmi des Français, partisans résolus de l'Europe hitlérienne. Les suspects seront le plus souvent incarcérés au fort du Hâ.

Les Allemands prennent dès le début des mesures de sécurité : vivre à l'heure allemande en avançant les montres d'une heure, obligation de déposer les armes à feu à la Feldkommandantur, respecter le couvre-feu et les consignes de défense passive, interdiction de manifester...

La Presse est rapidement entre le mains de la Propaganda Staffel ou du moins sous son influence. La Petite Gironde, La France de Bordeaux, Soutanes de France, Voix ouvrières... présentent une information fortement orientée. Un journal comme la Petite Gironde tentera au début de résister à l'influence allemande. Lors de l'invasion de la Grèce, en novembre 1940, le journal présentera courageusement les communiqués de guerre grecs et italiens. Mais dès le mois de décembre la censure se montrera impitoyable.

*
**

L'une des dispositions les plus spectaculaires de la convention franco-allemande d'armistice du 22 juin 1940 est la création d'une «ligne de démarcation», coupant en deux le territoire français. Courant à peu près horizontalement de Genève à Tours, puis descendant par Angoulême et Mont-de-Marsan jusqu'à la frontière espagnole, elle sépare une zone d'occupation allemande d'une zone dite «libre».

Théoriquement, la souveraineté du régime de Vichy doit demeurer entière sur l'ensemble du territoire. Mais en zone nord, le gouvernement français s'engage à faire appliquer par ses services les décisions des autorités allemandes. En zone sud, où ne stationnent pas de troupes occupantes, Vichy se voit autoriser à conserver une petit armée de 100.000 hommes, équipée d'armes légères.

En vérité, ces dispositions ont été conçues, de part et d'autre, comme un arrangement provisoire, dans la perspective d'une rapide défaite de l'Angleterre. Pendant plusieurs mois, le gouvernement Pétain prépare activement son retour à Paris.

Mais la poursuite de la guerre transforme cette coupure en véritable moyen de pression. Le passage de la Ligne de Démarcation n'est autorisé qu'à une infime minorité et la correspondance elle-même est limitée à des cartes postales sans enveloppe. Par ailleurs, contrairement aux conditions de l'armistice, le Reich annexe les trois départements d'Alsace-Lorraine. Il délimite, d'Amiens à Dôle, deux zones, interdites et réservées, où les

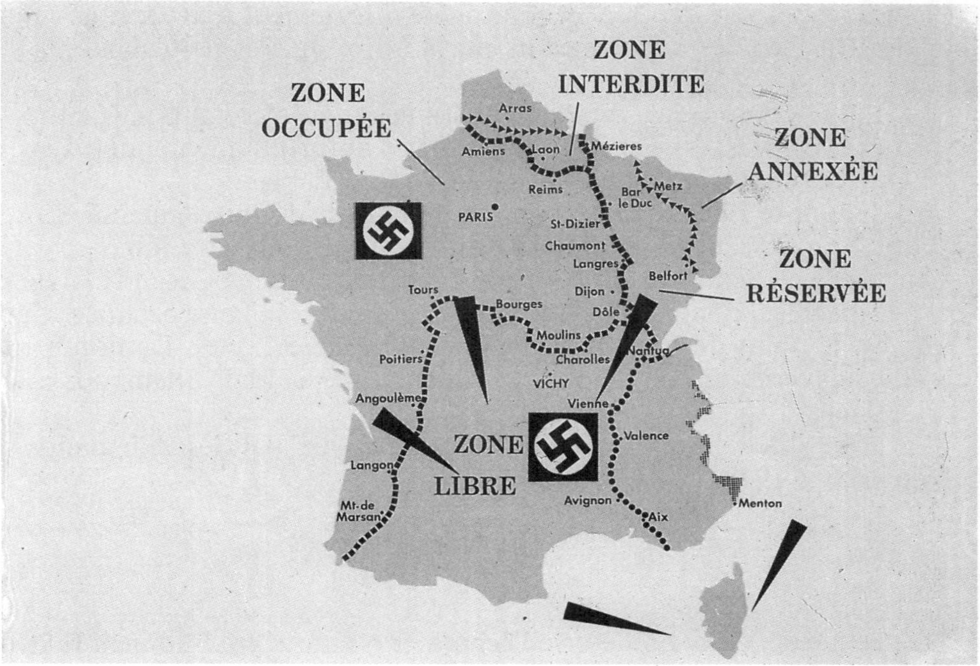


*La France occupée et la ligne de démarcation.*

*Le 1<sup>er</sup> juillet 1940, la Wehrmacht entre dans Bordeaux.*

réfugiés ne peuvent rentrer. Et il rattache directement à la Kommandantur de Bruxelles les départements du Nord et du Pas-de-Calais.

La Ligne compromet rapidement les échanges économiques entre le Nord et le Sud. Elle permet également aux autorités allemandes d'avoir la haute main sur les industries de la zone occupée.

En décembre 1940, le maréchal Pétain renonce définitivement à rentrer à Paris, qui devient la capitale des ultras de la collaboration.

La Ligne de démarcation coupe le département de la Gironde en deux parties inégales, dont la plus importante se trouve en zone occupée. Captieux est le point de franchissement entre les deux zones. De nombreux clandestins tenteront de déjouer la vigilance des soldats allemands et de leurs chiens.

La zone dite «libre» sera finalement envahie par les Allemands le 11 novembre 1942.

*
**

Le régime de Vichy bouleverse l'échiquier politique traditionnel. Il favorise le développement de mouvements qui, à des degrés divers, soutiennent la Révolution Nationale. Certains trouveront dans le paternalisme de Pétain l'aspiration à une France «traditionnelle». D'autres chercheront leur idéal dans l'Allemagne hitlérienne ou l'Italie mussolinienne.

A Bordeaux, le Parti Populaire Français (P.P.F.) a son siège 12, rue Sainte Catherine. Son chef charismatique, Jacques Doriot, a connu un étrange parcours allant du communisme au national-socialisme d'outre Rhin. Pour cet homme à poigne, les objectifs de la Révolution Nationale lui semblent rapidement désuets. Les dirigeants départementaux, sans envergure, se déconsidèrent rapidement par leurs querelles personnelles aux yeux de l'opinion publique.

Le Rassemblement National Populaire de Marcel Déat affiche quant à lui une admiration sans limite pour l'Italie de Mussolini. A Bordeaux, son siège se trouvera au numéro 4 de la place Pierre-Laffitte. Marcel Déat, normalien, ancien député socialiste, directeur de l'Oeuvre, se présente comme un intellectuel et un théoricien. Par le R.N.P. il tente de regrouper tous les groupuscules fascisants issus de l'ancienne extrême-droite, ou d'une gauche ralliée au fascisme par anticommunisme.

La Légion d'Aquitaine, fondée au début d'août 1941, s'installe au 64 rue Saint-Rémi à Bordeaux. Elle refuse l'appellation de parti politique et se fait un devoir de soutenir inconditionnellement le Maréchal Pétain. Le 7 août 1943, elle changera son nom pour celui des Amis du Maréchal.

La Légion des Combattants, dirigée par Xavier Vallat, donne naissance au Service d'Ordre Légionnaire (S.O.L.), entièrement dévoué à la Révolu-

*Canon allemand de 75mm sur la côte Atlantique-Sud.*

*Défilé de l'armée allemande au camp de Souge en Gironde.*

*Après un bombardement sur Bordeaux.*

tion Nationale. En janvier 1943, le S.O.L. se dissout pour faire place à la Milice. A l'initiative de Laval, la Milice est destinée à collaborer avec les Allemands. Sous le commandement de Joseph Darnand, chef et fondateur du S.O.L., la Milice se présente comme une formation paramilitaire. Ses membres doivent être, selon les termes du statut, «des volontaires moralement prêts et physiquement aptes, non seulement à soutenir l'Etat nouveau par leur action, mais aussi à concourir au maintien de l'ordre intérieur.» L'insigne de la Milice représente un gamma blanc sur fond bleu cerclé de rouge.

L'occupation et la poursuite de la guerre ont des conséquences désastreuses sur l'économie française. Le ravitaillement devient difficile et le rationnement nécessaire. Le vaincu doit nourrir le soldat allemand qui bénéficie d'une monnaie avantageuse : la valeur du mark étant fixée à 20 francs alors que sa véritable valeur représente 10 ou 12 francs. Les Allemands soumettent notre pays au paiement d'une lourde indemnité : 400, puis 500 millions de francs par jour. Ils prélèvent ainsi une partie importante de la production agricole et industrielle, déménagent ou occupent les usines, s'approprient par le Service du Travail Obligatoire une partie de la main-d'œuvre. Les résultats se font sentir rapidement : rationnement alimentaire entraînant de graves carences dans la nutrition, mortalité sélective, hausse des prix et marché noir.

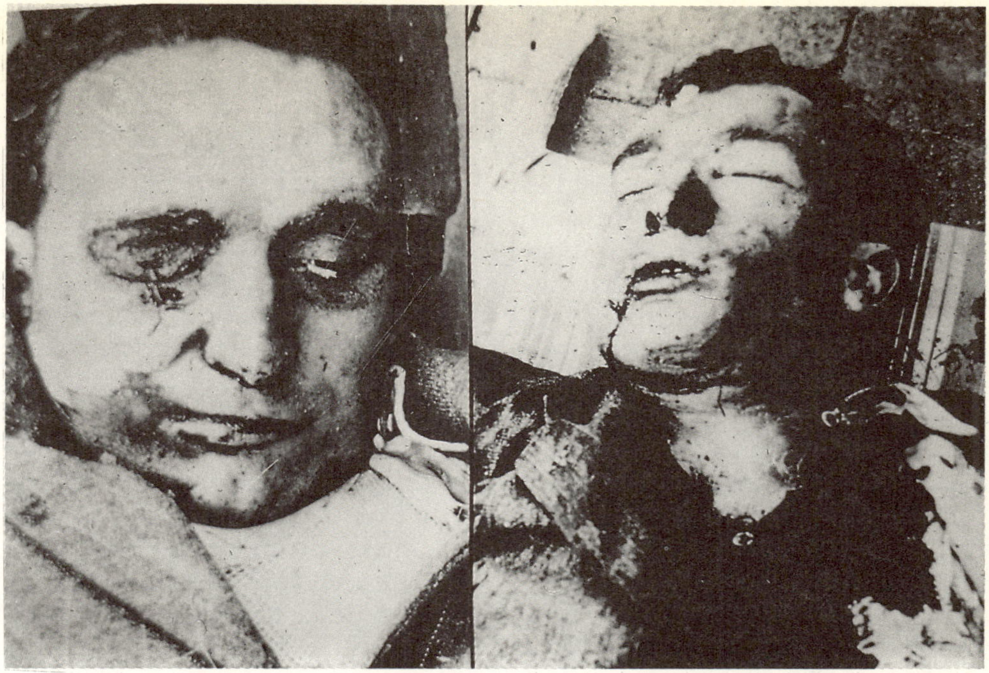

*Résistants du Sud-Ouest massacrés par la Gestapo : commandant Voisin et capitaine Pierre Camus.*

*Résistant fusillé par les Allemands.*

La Charte du Travail, signée par le maréchal Pétain le 4 octobre 1941, a pour ambition d'établir une plus grande justice entre le Capital et le Travail, entre l'employeur et l'employé. Elle se propose de rénover le syndicalisme en formant une société basée sur le talent et le mérite, et en groupant les travailleurs dans un seul syndicat.

Dans un département comme la Gironde, où l'autorité allemande s'exerce sans partage, la Charte du Travail n'apporte aucune amélioration.

Dès le début de l'occupation la propagande allemande promet aux ouvriers bordelais un salaire supérieur en Allemagne. Cent quinze girondins quittent Bordeaux en novembre 1940 pour le Grand Reich. Mais les candidats à un tel voyage restent une minorité. Pour y remédier Pierre Laval lance la formule de la Relève. Présentée comme une manifestation de solidarité nationale, la Relève consiste à libérer un prisonnier de guerre français contre le départ en Allemagne de trois ouvriers spécialisés. Peu de Français tombent dans le piège. Alors une loi du 16 février 1943 institue le Service du Travail Obligatoire. Des appelés vont fournir à l'occupant une main-d'œuvre pour la construction de la base sous-marine de Bordeaux ou celle du Mur de l'Atlantique. Mais le nombre des réfractaires va rapidement croître. Certains tentent de gagner Alger ou Londres. D'autres, répondant à l'appel de la Résistance, rejoignent les maquis.

A Bordeaux, dans le deuxième semestre de l'année 1943, les réfractaires atteignent rapidement 53 % des appelés. Seulement 2 950 Girondins quittent Bordeaux, du 12 juillet 1943 au 21 juillet 1944, pour aller contre leur gré travailler en Allemagne. (1)

*

**

Par ses installations portuaires, sa base sous-marine, et ses casernes, Bordeaux devient l'une des cibles des bombardiers alliés. De 1940 à 1944, la préfecture de la Gironde subit 11 bombardements. L'ensemble du département compte 56 attaques aériennes. Le total des immeubles détruits en Gironde est de 10 000. (2)

L'évacuation de certains quartiers de Bordeaux, de l'agglomération bordelaise et de certaines zones du département, est entreprise avec succès par l'administration bordelaise. Le bombardement du 17 mai 1943 contre le quartier de Bacalan accélère le départ de nombreux petits bordelais vers le Lot-et-Garonne, le Tarn-et-Garonne, les Pyrénées et la Charente-Maritime. 3 000 enfants en bas-âge et 1 100 mères quittent Bordeaux. Mais dans son ensemble la population bordelaise a préféré braver les bombardements.

L'appareil répressif mis en place par les Allemands en Gironde est de toute autre nature. Le fort du Hâ, la prison militaire Boudet, le siège de la Gestapo au Bouscat, le camp de Mérignac sont des lieux d'incarcérations, de brimades et de tortures.

Les premières victimes, opposants de tous bords, sont souvent fichées par les services de police de Vichy et les listes sont généralement mises à la disposition des agents nazis. Certains policiers français, certains fonctionnaires de Vichy refuseront de communiquer les noms de leurs compatriotes. Mais d'autres, hélas, deviendront de véritables auxiliaires de la Gestapo.

L'incarcération au fort du Hâ sera terrible. Huit ou dix prisonniers doivent vivre dans une pièce de quatre mètres de long sur deux mètres de large.

Monsieur Paul Charron, ancien détenu au fort du Hâ, raconte : «*J'ai été arrêté en avril 1943. A mon arrivée, j'ai été dépouillé de mes vêtements, j'ai pris une douche, et l'on m'a fait endosser un horrible uniforme de prisonnier. J'avais également une couverture, une gamelle, une cuiller et un quart. Mon existence de détenu n'avait rien d'une partie de plaisir : réveil, toilette et café à 6 h 30 ; soupe à 10 h30 ; soupe à 17 h30 ; coucher à 21 h30. Pour la toilette je ne disposais que de l'eau de la chasse des WC. Le café était infect, le pain moisi, la soupe imbuvable.*

*Le mercredi ou le dimanche nous recevions heureusement des colis de la Croix-Rouge : biscuits, beurre, confiture, friandises de toutes sortes. Mais cela ne pouvait me faire oublier l'angoisse du cachot, le tourment de la vermine, les maladies de carence, la sensation d'étouffement, les punaises et les poux. Certains prisonniers, des privilégiés, pouvaient effectuer, tous les trois jours, une promenade dans l'une des cours de la prison. Les gardiens cherchaient toujours à nous humilier davantage. Les coups de bâton et la privation de nourriture pendant deux jours étaient monnaie courante.*» (3)

La prison militaire Boudet, 188, rue de Pessac, est utilisée par les Allemands pour y incarcérer les prisonniers qui n'ont pu être admis au fort du Hâ. La nourriture est réduite au minimum. Les détenus ne bénéficient de la promenade dans la cour que tous les deux mois ; elle doit se faire au pas de course, les bras levés, si un prisonnier ne peut plus avancer, il est sauvagement frappé à coup de nerf de bœuf.

Pour forcer le prisonnier à parler durant l'interrogatoire, le bourreau nazi lui plonge la tête dans le lavoir de la cour jusqu'à évanouissement complet. La chapelle de la prison a été transformée en chambre de tortures : madriers fixés aux murs avec crochets, menottes spéciales, sangles d'étouffement ou de strangulation... Des chiens sont dressés à l'attaque sur des prisonniers, véritables mannequins vivants !

Le siège de la Gestapo au Bouscat comporte des cellule aménagées dans des caves exigües : 1,20 mètre de large sur 2 mètres de long, sans fenêtre et sans lit. Le traitement le plus classique du prisonnier est la bastonnade au nerf de bœuf, allant de 25 à 200 coups sur le dos. Les tortionnaires ont également recours à la pendaison par les pouces, à l'immersion dans une baignoire, au supplice de la tenaille...

L'historien Pierre Bécamps mentionne comme autres lieux d'incarcérations aux fins d'interrogatoires : «les services de police de la rue Victoire-Américaine, annexe de la Gestapo, et du cours du Chapeau-Rouge, repaire de Poinsot, au rez-de-chaussée de la préfecture, où les méthodes employées à l'égard des suspects étaient nettement inspirées des pratiques nazies.» (4)

La synagogue de la rue Labirat à Bordeaux, deviendra la prison de 215 israélites victimes des rafles du 10 au 11 janvier 1944. La sinistre brigade antijuive de Déhan se montrera une «excellente» alliée de la Gestapo.

Au camp de Mérignac, on enferme des prisonniers politiques (gaullistes, communistes) et des Juifs. Ce camp a une capacité de 513 places en décembre 1941. Les internés sont surveillés par 35 gendarmes et une trentaine de gardes civils. Les Juifs ne séjournent pas longtemps au camp de Mérignac ; ils sont dirigés à Drancy, puis en Allemagne ou en Pologne.

La vie dans ce camp n'a rien de comparable à celle des camps de concentration d'Allemagne. La condition des internés reste satisfaisante au point de vue de l'hygiène et de la nourriture. Les internés peuvent entretenir des relations avec leur famille. Le courrier est expédié deux fois par semaine. La visite d'une personne extérieure est autorisée une fois tous les quinze jours. Il ne faudrait pas cependant s'imaginer que la vie au camp de Mérignac fut de toute quiétude. Le 24 octobre 1941, suite au meurtre de l'intendant Reimers, 35 internés sont fusillés. Le 22 septembre 1942, 70 autres subissent le même sort pour un attentat commis à Paris.

Les atrocités commises par l'occupant en Gironde sont nombreuses. Le 13 mai 1944, Monsieur Barrayre, bien que blessé de trois balles de 9 mm, est incarcéré au fort du Hâ. Le 23 mai on l'ampute d'une jambe et on le laisse sans soins pendant dix jours !

Le 1$^{er}$ août 1944, des paysans découvrent dans la forêt de Landerrouat les corps atrocement mutilés de quatre maquisards : l'un deux a été pendu par les pieds à une branche, le ventre ouvert, la tête criblée de coups de baïonnette. Les trois autres ont la tête réduite en bouillie. Ces martyrs, Corradini, 23 ans, Soubireau, 19 ans, Franges 23 ans et Nadeau, 22 ans, appartenaient au maquis de Duras.

Le 3 août, Monsieur Claverie, demeurant à Monségur, cueille des fruits dans son jardin. Un groupe d'Allemands se jettent sur lui. Son corps, retrouvé au fond d'un puits, porte de nombreuses blessures : sept plaies au ventre ou au visage, doigts et colonne vertébrale brisés, bras gauche cassé.

A Pellegrue, en août 1944, six occupants d'une voiture sont arrêtés par les Allemands qui les criblent de coups de baïonnette.

Le bilan provisoire de quatre années de répression allemande dans la région bordelaise est sévère : 2 000 arrestations, 3 000 déportations, 564 personnes ont été fusillées par les Allemands. Parmi les déportés on relève 774 résistants ou politiques, 204 Israélites (5)

Il est à noter que parmi les hauts fonctionnaires de Vichy, trop facile-

*La plage de Biarritz durant l'occupation allemande.*

ment critiqués, certains usèrent de leur pouvoir pour sauver des résistants et même des Juifs. Mais cela ne peut faire oublier que beaucoup d'autres se sont comportés en fidèles serviteurs de l'Allemagne nazie.

(1) Archives de la ville de Bordeaux.
(2) Archives de la ville de Bordeaux.
(3) Témoignage personnel.
(4) Pierre Bécamps : La Libération de Bordeaux. Paris 1974.
(5) Archives de la ville de Bordeaux et enquête du journal Sud-Ouest.

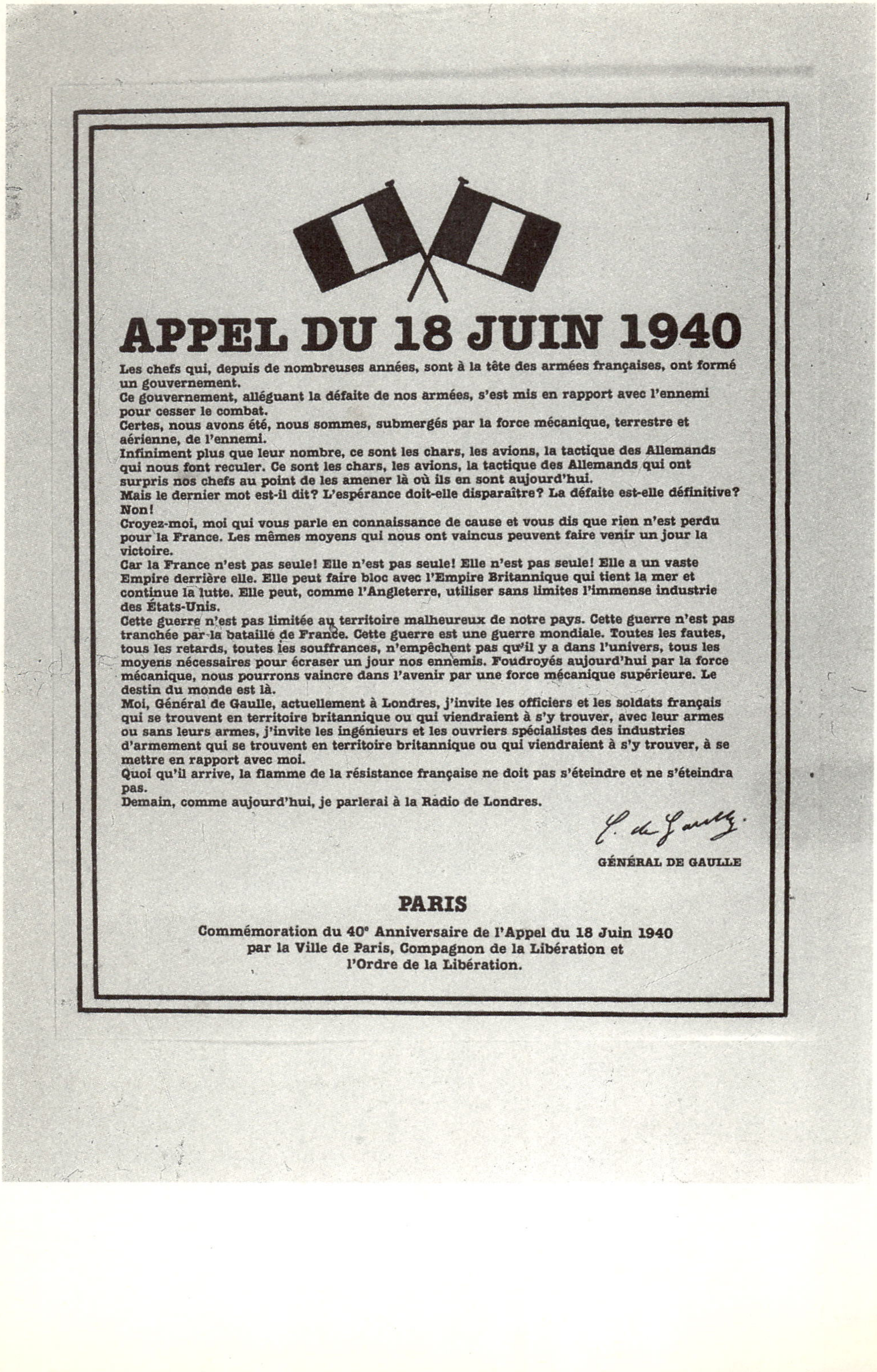

# APPEL DU 18 JUIN 1940

Les chefs qui, depuis de nombreuses années, sont à la tête des armées françaises, ont formé un gouvernement.
Ce gouvernement, alléguant la défaite de nos armées, s'est mis en rapport avec l'ennemi pour cesser le combat.
Certes, nous avons été, nous sommes, submergés par la force mécanique, terrestre et aérienne, de l'ennemi.
Infiniment plus que leur nombre, ce sont les chars, les avions, la tactique des Allemands qui nous font reculer. Ce sont les chars, les avions, la tactique des Allemands qui ont surpris nos chefs au point de les amener là où ils en sont aujourd'hui.
Mais le dernier mot est-il dit? L'espérance doit-elle disparaître? La défaite est-elle définitive? Non!
Croyez-moi, moi qui vous parle en connaissance de cause et vous dis que rien n'est perdu pour la France. Les mêmes moyens qui nous ont vaincus peuvent faire venir un jour la victoire.
Car la France n'est pas seule! Elle n'est pas seule! Elle n'est pas seule! Elle a un vaste Empire derrière elle. Elle peut faire bloc avec l'Empire Britannique qui tient la mer et continue la lutte. Elle peut, comme l'Angleterre, utiliser sans limites l'immense industrie des États-Unis.
Cette guerre n'est pas limitée au territoire malheureux de notre pays. Cette guerre n'est pas tranchée par la bataille de France. Cette guerre est une guerre mondiale. Toutes les fautes, tous les retards, toutes les souffrances, n'empêchent pas qu'il y a dans l'univers, tous les moyens nécessaires pour écraser un jour nos ennemis. Foudroyés aujourd'hui par la force mécanique, nous pourrons vaincre dans l'avenir par une force mécanique supérieure. Le destin du monde est là.
Moi, Général de Gaulle, actuellement à Londres, j'invite les officiers et les soldats français qui se trouvent en territoire britannique ou qui viendraient à s'y trouver, avec leur armes ou sans leurs armes, j'invite les ingénieurs et les ouvriers spécialistes des industries d'armement qui se trouvent en territoire britannique ou qui viendraient à s'y trouver, à se mettre en rapport avec moi.
Quoi qu'il arrive, la flamme de la résistance française ne doit pas s'éteindre et ne s'éteindra pas.
Demain, comme aujourd'hui, je parlerai à la Radio de Londres.

C. de Gaulle

GÉNÉRAL DE GAULLE

**PARIS**

**Commémoration du 40e Anniversaire de l'Appel du 18 Juin 1940**
**par la Ville de Paris, Compagnon de la Libération et**
**l'Ordre de la Libération.**

# CHAPITRE II

# LA RESISTANCE S'ORGANISE

Résister, en France, en 1940, cela signifie d'abord refuser l'armistice et poursuivre une guerre qui, loin d'être terminée, ne fait que commencer. Ce qu'avait affirmé à Londres, le 18 juin, le général de Gaulle. Mais peu de Français l'ont entendu, et les premiers résistants de l'intérieur obéissent plutôt à des réactions spontanées dont les motivations sont diverses : surtout patriotique chez les uns, qui acceptent mal la défaite militaire ; d'abord politique chez les autres, qui détestent l'ordre nazi.

Les uns et les autres ne forment, jusqu'en 1941 ; qu'une infime minorité, dont l'attitude à l'égard de Vichy reflète la différence des choix initiaux. Les premiers, un moment persuadés que le maréchal Pétain joue un double jeu, maintiennent des contacts avec son entourage, où certains éléments préparent même la «revanche». Les seconds, à qui répugne l'idéologie vichyssoise, où ils dénoncent un fascisme rampant, veulent réhabiliter une république, trahie par les siens. Ceux-là soucieux d'action militaire, s'orienteront d'abord vers le renseignement, parfois en liaison avec les services anglais. Ils chercheront également à se regrouper malgré l'effondrement des partis traditionnels. La coupure de la France en deux accentue les difficultés : la présence des Allemands conduisant les résistants de zone Nord à privilégier l'action directe, tandis que ceux de zone Sud mettent davantage l'accent sur le travail de propagande.

Ainsi se constituent de petits groupes qui ne commenceront à s'organiser vraiment qu'au cours de l'année 1941, les premiers contacts directs avec de Gaulle, à Londres, n'ayant lieu qu'en mars 1942. Les premiers tracts et quelques journaux épisodiques sortent dès l'automne 1940, mais les publications régulières ne verront le jour qu'en 1941.

On compte en zone Sud quatre mouvements principaux. Le plus important numériquement, Combat, résulte de la fusion d'un premier Mouvement de libération nationale fondé par un ancien officier d'active, Henri Frenay, dans la perspective d'une future armée secrète, et du groupe Liberté, animé par des démocrates-chrétiens comme François de Menthon. Le second, Franc-Tireur, fondé à Lyon et d'orientation socialiste, est notamment dirigé par Jean-Pierre Lévy. Le troisième, Libération-Sud, dû à l'initiative d'Emmanuel d'Astier de la Vigerie, recrute aussi bien dans les milieux de droite que de gauche. Le dernier mouvement se trouve au sein même de l'armée de l'armistice qui camoufle armes et matériels à la barbe des inspections de contrôle. Cette petite armée entretient véritablement la «Flamme de la Revanche» et prépare en secret la rentrée en guerre de la France aux côtés des alliés. Dissoute en raison de l'occupation totale du pays par les Allemands et les Italiens, en novembre 1942, elle se prolonge en civil, dans l'Organisation de Résistance de l'Armée.

En zone Nord, l'Organisation Civile et Militaire, créée par Maxime Blocq-Mascart, est d'inspiration plus militaire que civile. Libération-Nord, fondé par Jean Texier, regroupe surtout des militants socialistes. Défense de la France, avec Philippe Viannay, prospecte davantage les milieux étudiants.

Reste le Parti Communiste, le seul à disposer d'une organisation préexistante. Mais sa direction, paralysée par le Pacte germano-soviétique et les directeurs du Komintern, cherche surtout, dans un premier temps, à reconstituer l'appareil clandestin du parti, et s'attaque à Vichy sans s'en prendre aux Allemands. Cependant, divers responsables, comme Charles Tillon, orientent la lutte contre l'occupant. Les deux lignes se rejoindront en juin 1941, après l'invasion allemande de l'Union Soviétique.

*
**

En Gironde, comme dans d'autres départements, la Résistance se manifeste dès 1940. Des actes hostiles à l'occupant se multiplient : diffusion de tracts patriotiques, inscriptions anti-allemandes, lacérations d'affiches nazies.

C'est à Bordeaux même que Charles Tillon, Beyer Marie et Michel René, forment les premiers groupes chargés de l'action armée contre l'ennemi. La première action de sabotage est effectuée le 7 décembre 1940 sur une ligne téléphonique allemande.

Le groupe de Résistance du Haillan, Organisation Civile et Militaire,

*Base sous-marine de Bordeaux.*

mène ses premières activités dès 1940, par l'évasion de plusieurs prisonniers Nord-Africains de Saint-Médard-en-Jalles et de Salunes.

Le capitaine Sabadie accepte de constituer en décembre 1940, à Bordeaux et dans tout le département, un réseau de renseignements. C'est le commandant Loustaunau-Lacau (fondateur du réseau Alliance) qui l'a sollicité par l'intermédiaire du lieutenant de vaisseau Scherrer. En septembre 1940, le réseau de renseignement Jacky se forme à Hostens, sous le patronnage du général d'Harcourt. Le capitaine Jacquemet parvient à regrouper un certain nombre d'officiers de réserve dans ce réseau qui fonctionne jusqu'en novembre 1942.

Le groupe de Résistance «Georges Aubert», de l'O.C.M., voit le jour en octobre 1940. Ses principaux membres, Georges Bonnet, l'aspirant Aubert, le révérend père de Jabrun, Monsieur Mamert et Monsieur Mould Abdallah mettent au point plusieurs lignes d'évasion jusqu'en 1943. 1700 passages sont effectués. Parallèlement, ils organisent une équipe de saboteurs qui participe à plusieurs actions.

A Arcachon, en octobre 1940, des patriotes prennent contacts pour jeter les bases d'une organisation de Résistance. Les premières manifestations consistent à distribuer des tracts anti-allemands. Le 1^er^ janvier 1941, 10 000 croix de Lorraine découpées dans du papier sont répandues dans les rues d'Arcachon. Le capitaine Duchez déploie une grande activité. A

*Ligne de chemin de fer sabotée par la Résistance en Gironde.*

*Après une embuscade.*

la fin de 1942, il prend contact avec l'O.C.M. par l'intermédiaire du commandant Paillères. Le groupe d'Arcachon est reconnu par Londres, son chef devient le colonel de Luze, et son chef militaire le capitaine Duchez. Le colonel de Luze fut l'une des plus belles figures de la résitance d'Arcachon. André Geraud écrit à son sujet :

«Ardent patriote, il me parlait souvent de la guerre de 14 où il avait combattu dans l'infanterie et les chasseurs à pieds. Il affectionnait encore tout particulièrement une capote de poilu bleu horizon qu'il portait l'hiver, en guise de pardessus, coiffé d'un large béret et les jambes enserrées de bandes molletières. C'était une notable figure connue de tous.»(1)

A l'hôpital Saint-André de Bordeaux, le commandant Tête de l'O.C.M., crée un groupe de Résistance durant l'hiver 1941-1942. Ce mouvement porte une aide appréciable aux prisonniers du fort du Hâ et se spécialise dans la fourniture de radios, de certificats pour éviter la déportation, de cartes d'identité et d'alimentation. Il cache également des réfractaires S.T.O. des maquisards, des prisonniers évadés, des aviateurs alliés hospitalisés... Il achemine tout ce beau monde vers les filières d'évasion par l'Espagne. Le docteur André Dartigues, bien que recherché par la Gestapo, fera preuve d'une grande audace.

Désespérée par l'armistice de 1940, Madame Lucienne Souillie décide de résister par tous les moyens. S'occupant d'un centre d'hébergement au château Citran à Avensan (Médoc), elle refuse de donner le château à la troupe allemande, malgré l'ordre formel de la municipalité. Rassérénée par ce premier succès, elle rencontre quelques amis afin d'étendre l'action et la rendre plus efficace. «Dès lors, écrit-elle, le groupe Dominique était né, et nous allions saboter tout ce que nous pourrions, cela sans directives précises, mais toujours par une action violente et directe.» (2)

En 1941, le groupe de Résistance «Charly-Médoc», organise à Sauveterre-de-Guyenne (Gironde) des refuges d'où les prisonniers évadés sont acheminés en zone libre. Il étend son champs d'action en Charente-Maritime et en Dordogne.

Au château de Laroque, près de Saint-Antoine-du-Breuilh, Louis de la Bardonnie, Jean Fleuret et Marie-Ange Gaudin Champion fondent le réseau Confrérie Notre-Dame (C.N.D.). La qualité des informations qu'ils transmettent à Londres et au colonel Rémy permet la destruction de nombreux navires ennemis dans l'estuaire de la Gironde.

Le négociant en vins Léo Paillère et Jean Duboué forment, fin août 1940, une organisation qui recueille des renseignements et les fait parvenir au 2$^{e}$ Bureau de l'armée française à Toulouse. Le même Léo Paillère parvient à organiser une filière d'évasion vers l'Espagne.

L'Abbé Lasserre, libéré de captivité en qualité d'aumônier de la 35$^{e}$ division d'infanterie regroupe des rapatriés et fonde une amicale dont certains des membres joueront comme lui un rôle actif dans la Résistance.

Pierre Girard, serrurier d'art, et ses compagnons se lancent dans la collecte de renseignements d'ordre militaire : emplacement et organisation des troupes allemandes, au port de Bordeaux, à l'aérodrome de Mérignac...

Des étudiants de la faculté de Médecine de Bordeaux publient un bulletin clandestin, dont le professeur Auriac inspire certains articles. Ce dernier prend contact avec Londres au début de 1941. Arrêté par la Gestapo, suite à une trahison, Auriac se donnera la mort par le cyanure.

*
**

A Londres, la France Libre du général de Gaulle entend aider les résistants de la métropole et coordonner les efforts. La radio joue dans ces relations un rôle déterminant. Une vaste propagande, aux voix multiples, contrebalance l'action de l'ennemi. La B.B.C., avec son porte-parole français, Maurice Schumann, diffuse des émissions patriotiques. Mais la radio est également amenée à jouer un rôle important dans la conduite des opérations militaires. Elle devient un excellent outil pour communiquer les consignes d'action soit aux résistants de l'intérieur, soit aux agents qui leur ont été dépêchés pour les épauler.

Des opérateurs sont parachutés sur le sol français avec leur matériel. «Le métier était très dangereux, écrit l'historien Henri Michel. En moyenne, un opérateur durait six mois, surtout à partir du moment décisif où la multiplication des messages et des émissions augmentait les chances des Allemands de détecter le poste.» (3)

Les opérateurs, héros souvent méconnus, ont payé un lourd tribut à la Résistance. Sur 97 envoyés en France, 36 furent capturés, six tués, douze blessés en atterrissant. Grâce à eux, les résistants de Londres et de France purent correspondre.

L'échange d'agents entre la Résistance intérieure et Londres parachève les liaisons créées par la radio. La tâche essentielle des agents est d'y retrouver, d'y grouper et d'y encadrer des résistants pour constituer des réseaux d'action, d'évasion ou de renseignement.

La dotation en moyens d'actions des agents et des groupes qu'ils forment va entièrement dépendre du service britannique connu sous le nom de Secrete Operation Executive (S.O.E.) créé dès 1940. La section française est appelée Buckmaster, du nom de son chef.

En 1940, par suite de l'isolement de la Grande-Bretagne, les moyens matériels du S.O.E. sont relativement modestes : trois avions patrouilleurs. La première mission dite «Savannah» a lieu le 14 mars 1941 avec, comme objectif, la capture de techniciens allemands opérant à la base de Mérignac. Du fait certainement d'une trahison, l'opération échoue.

Dans la nuit du 11 au 12 mai 1941, les sous-lieutenants Formann, Fraiclin et Varnier sont parachutés près de Bordeaux pour saboter le transformateur électrique de Pessac. Cette première tentative n'aboutit pas. Mais dans la nuit du 7 au 8 juin, 6 des 8 éléments du transformateur sont endommagés. De son côté la Résistance girondine accomplie une vingtaine de sabotages d'août 1940 à novembre 1941. Le groupe du Haillan détruit 17 camions allemands. Roger Landes parvient avec l'aide de Charles Hayes et de Jean Duboué, à endommager sérieusement la centrale électrique de la route de Bayonne, le câble d'alimentation électrique de la médoquine, ceux de la batterie antiaérienne des Deux-Poteaux et l'émetteur des Quatre-Pavillons.

La palme d'or des sabotages doit revenir au groupe de Résistance «Marc». Il a été créé par Lucien Nouaux à Bordeaux. Cette unité est rattachée au Mouvements Unis de la Résistance. Parmi les sabotages à l'actif de ce corps d'élite figurent : l'usine électrique de Cenon, l'usine de la cellulose de Facture, le poste de la milice à Bordeaux, la gare Saint-Jean à Bordeaux, la poudrerie de Saint-Médard, la voie ferrée de Saintes, quinze motrices à Pessac...

Le général Koenig, héros de Bir Hakeim, adresse ses plus vives félicitations au Corps Franc «Marc» et désigne son chef Lucien Nouaux, «premier résistant de Bordeaux». Bien que les arrestations se multiplient en 1944, les sabotages se poursuivent. Lucien Nouaux, victime d'une trahison, est emmené de force au siège de la Gestapo du Bouscat le 27 juillet 1944. Il parvient à se saisir d'un pistolet et abat trois policiers avant d'être massacré à coup de baïonnette. Il sera fait Compagnon de la Libération à titre posthume.

En décembre 1942, grâce aux renseignements de la résistance bordelaise, la Royal Navy lance une attaque d'une fantastique audace contre des navires ennemis. Un commando anglais transporté par sous-marin au large de l'estuaire de la Gironde parvient, à bord de kayaks, à déjouer la surveillance allemande et à détruire à Bassens et à Bordeaux cinq gros cargos.

*
**

Alors que la Résistance girondine fait preuve d'une belle efficacité, la trahison d'un de ses membres a des conséquences dramatiques. Le spécialiste de cette affaire, l'historien Pierre Bécamps, a apporté un éclairage d'une grande objectivité. (4)

André Grandclément, fils de militaire, fréquente dans un premier temps les milieux pétainistes et royalistes. Ne trouvant certainement pas la promotion qu'il souhaitait, il se tourne alors vers la Résistance. En 1942, il devient membre du Mouvement de l'Organisation Civile et Militaire (O.C.M.). Bénéficiant d'un préjugé favorable, il est envoyé dans la région B (Bordeaux) avec mission d'organiser les groupes O.C.M. et de coordon-

*Division allemandes dans le Sud-Ouest (Juin 44).*
*DI : division d'Infanterie.*
*DB : division Blindée.*

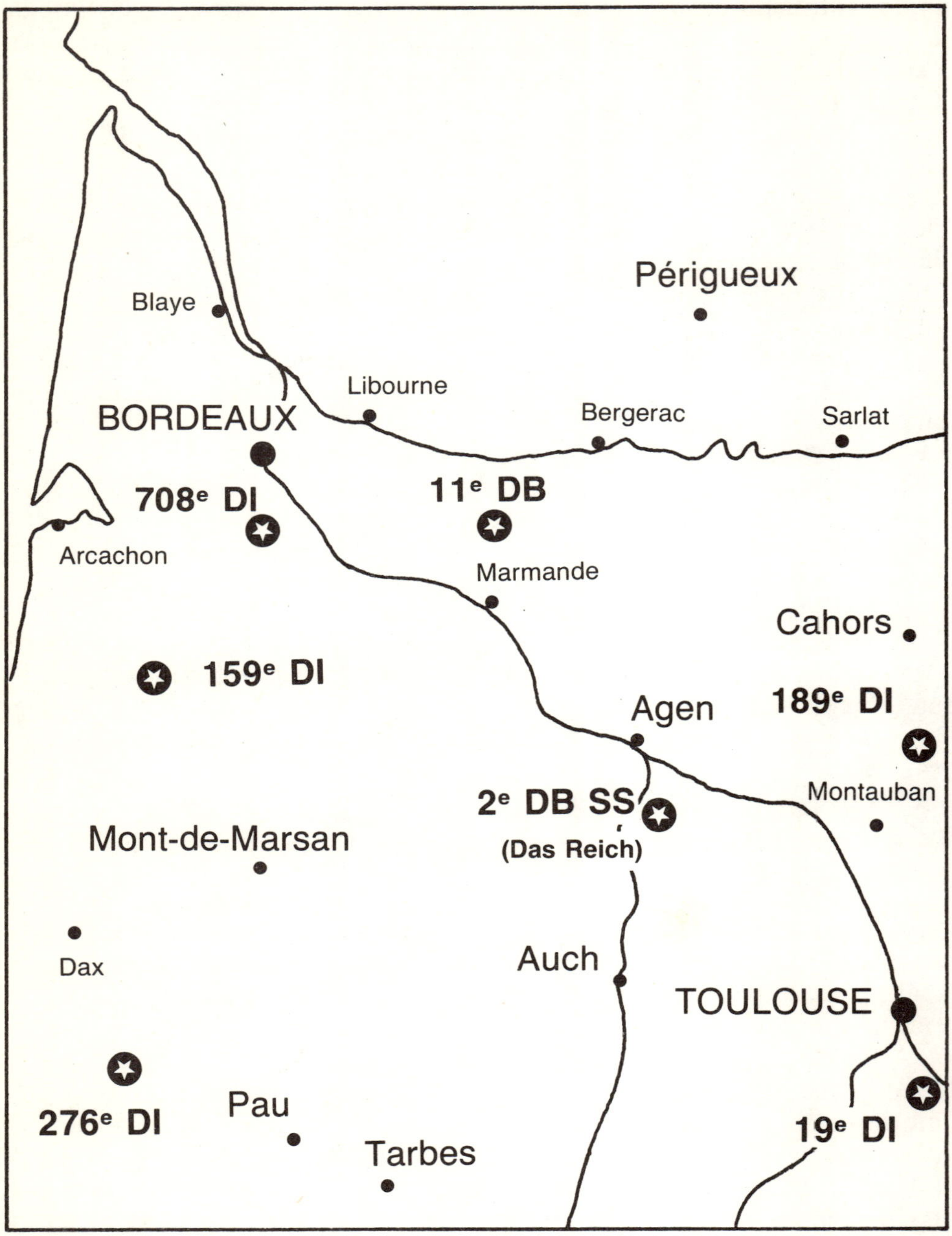

ner leurs efforts avec les autres mouvements résistants.

En juin 1943, la Gestapo parvient, suite à des arrestations, à se saisir de documents qui lui permettent de connaître le domicile de Grandclément : 34, cours de Verdun à Bordeaux. Alerté, ce dernier part se réfugier à Paris en laissant le commandement de l'O.C.M. au colonel Rollot.

Au même moment, la Gestapo met la main sur des documents secrets qui contiennent tout simplement les noms et adresses de membres de l'Armée Secrète. Les arrestations se multiplient. En l'espace d'un mois 80 résistants sont emprisonnés. Exploitant les révélations des détenus obtenues par la torture, la Gestapo bordelaise surprend, rue du Palais-Gallien, trois femmes, dont Lucette, l'épouse de Grandclément.

Le SS Dhose garde celle-ci et libère les deux autres. Un mois et demi plus tard, le 19 septembre 1943, Grandclément est finalement capturé par les Allemands rue de Presbourg à Paris. Il est amené à Bordeaux sous la garde de deux officiers de la Gestapo. Dhose l'interroge durant vingt-quatre heures et parvient à un accord : la libération de Lucette Grandclément et d'un certain nombre de résistants, ainsi que la non-arrestation d'une centaine d'autres identifiés, contre la remise des stocks d'armes entreposés en région bordelaise.

Les conséquences sont rapidement catastrophiques : près de 700 containers remplis d'armes sont saisis par les Allemands. Des armes qui auraient pu équiper des milliers de résistants ! En contrepartie, Dhose fait libérer 150 prisonniers.

Très rapidement, il apparaît que Grandclément joue un jeux dangereux. Il soumet un plan à Dhose pour lutter contre les communistes !

Suite à son arrestation, l'état-major de l'Armée Secrète prend toutes les mesures nécessaires pour parer aux inévitables offensives de la Gestapo ; elles comportent notamment la suppression de tout contact avec les personnes qui ont maintenu leurs relations avec l'ancien responsable de l'O.C.M.

Grandclément tente de rallier à ses vues anti-communistes certains chefs locaux de la Résistance. Cependant, des résistants lucides et bien informés se rendent rapidement compte que les agissements de Granclément porte un seul nom : trahison. Les preuves sont suffisantes pour qu'un conseil de guerre de la Résistance le condamne à mort.

Protégé par les Allemands et certains résistants manipulés, Granclément ne sera exécuté que le 28 juillet 1944 sur le territoire de la commune de Muret, à quelques kilomètres de Belin. Son épouse également accusée de trahison subira le même sort.

«L'affaire Grandclément, écrit Pierre Bécamps, a compromis gravement les résultats de trois années d'efforts ; la police allemande a disloqué les Etats-Majors A.S.-O.C.M., arrêté ou dispersé nombre de leur agents ; les réseaux dépendant des autres mouvements, Front National, Libération-Nord, ont également été touchés ; mais la pression n'a pu annihiler l'activité de tous les groupes implantés en Gironde, souvent mal informés d'ailleurs des intrigues qui pouvaient attirer inopinément sur eux la déportation ou la mort.» (5)

L'affaire Grandclément trouble et divise encore de nos jours. Granclément a-t-il trahi ou bien a-t-il pratiqué un subtil et dangereux double jeu ? La vérité est certainement en dehors des passions antagonistes. Roger Landes, alias «Aristide», chef du S.O.E. pour la région bordelaise, semble apporter la meilleure réponse. Selon lui, Grandclément a travaillé avec la Gestapo pour sauver sa vie. La peur de la mort a fait «craquer» plus d'un homme. Mais cela ne peut faire oublier que beaucoup de résistants ont subi l'épreuve de la torture jusqu'à la mort sans faiblir : héros de la patrie qui sont restés fidèles à leurs idées et qui méritent l'admiration de tous.

Pour éviter une nouvelle affaire Grandclément, un Comité Central Girondin de la Résistance tient plusieurs réunions secrètes. En outre Gabriel Delaunay représente dans le département les Mouvements Unis de la Résistance (M.U.R.).

Malgré ses pertes importantes, la Résistance girondine poursuit ses courageuses activités. Le groupe Dominique récupère armes et munitions et se livre également à des attentats sur des agents de la Gestapo. Le groupe Tête cache un véritable arsenal dans l'hôpital Saint-André, dont un canon de 37 mm.

Le groupe Paul Valéry (O.C.M.) voit le jour en 1942, et se consacre rapidement aux sabotages industriels dans la région bordelaise.

Début 1943, un groupe de résistants de Pauillac, sous les ordres de Dieuzède, s'unit au groupe Lafond de Saint-Estèphe. Leur fusion donne naissance au Corps Franc Jean Dufour qui oriente son action vers le renseignement, l'évasion et la confection de faux papiers.

Dans le Libournais, le capitaine Bernadet dit «Jean» organise un service de franchissement de la ligne de Démarcation. Un réseau d'informateurs est également créé et les renseignements sur les mouvements ennemis sont adressés par radio à Londres.

A Floirac, le groupe Louis Rougès organise des terrains de parachutages et cache des réfractaires S.T.O. A Mérignac, des ouvriers-résistants de l'usine Peugeot fournissent des renseignements au réseau Brutus.

Le commandant Hermitte organise le groupe Maillane dans la région de Bruges. Très vite, ce groupe fait preuve d'une audace incroyable en sabotant une locomotive, un train de munitions et quinze camions allemands. (6)

Au Pont-de-la-Maye, le groupe Vorace se spécialise dans la collecte de renseignements sur le mouvement des trains et la recherche des terrains de parachutages.

*Opérateur-radio de la résistance en Gironde.*

De Londres, puis d'Alger, on décide d'unifier et de coiffer toutes les troupes clandestines. En septembre 1943, le colonel Marchal est envoyé en France comme délégué militaire. Arrêté, il se suicide ; il est successivement remplacé par Mangin, Bourgès-Manoury et Jacques Chaban-Delmas. Le délégué national se trouve assisté de délégués militaires régionaux, chargés d'assurer la liaison entre l'état-major à Londres et les services régionaux de la Résistance.

De son côté, le Conseil National de la Résistance organise une Commission d'Action (le Comac), composée de trois membres. La direction centrale est assistée de conseillers techniques avec les généraux Malleret-Joinville, de Jussieu-Pontcarral et Revers.

Le Comac devient un organe d'inspection et de contrôle ; il assure la liaison avec les grands services publics, mais peut également transmettre des consignes d'action immédiate.

«Ce qui n'allait pas sans ambiguïté, écrit l'historien Henri Michel. Comme en même temps existait à Alger, dans le Gouvernement Provisoire, le Comidac, l'ensemble n'était pas sans quelque confusion et rivalité.» (7)

Normalement le pouvoir civil doit primer sur le militaire. Mais en vérité la puissance des délégués militaires est telle que les rôles sont rapidement renversés. Ils mettent en place les plans et répartissent les moyens d'actions, armes, argents et matériel, entre les organisations de la région. Aussitôt s'élève un tollé général : les F.T.P. s'estiment défavorisés et accusent les délégués militaires d'anti-communisme. Des conflits éclatent et il arrive que les groupes se volent mutuellement les armes ou s'accusent de le faire.

Les Forces Françaises de l'Intérieur (F.F.I.) sont officiellement créées le 1er février 1944. Elles absorbent en principe, les formations militaires de tous les organismes de la Résistance. Le Comac en profite pour instituer un Etat-Major national, dont le chef est Jussieu, puis Joinville. la France est organisée en douze régions militaires et les chefs F.F.I. régionaux et départementaux sont nommés, non sans nombreuses difficultés.

L'armée F.F.I., aux plans national, régional et départemental, forme un Etat-Major à quatre bureaux. Pour des raisons de sécurité, l'ensemble est décentralisé. Une séparation est opérée entre les F.F.I. et les réseaux de renseignements, ceux-ci doivent remettre les renseignements au deuxième bureau F.F.I. de l'échelon régional et départemental.

Pour donner une certaine coordination à l'ensemble, le général Koenig est nommé, au mois de mars 1944, délégué militaire du Comité d'Action en France du gouvernement provisoire. Au même moment le général Cochet l'est, à Alger, pour la zone sud.

En mai 1943, le général d'aviation Moraglia est envoyé par le Comac à Bordeaux. En tant que représentant de la plus importante commission du Conseil National de la Résistance (C.N.R.), il doit prendre le commandement des troupes F.F.I. de la région. Il se heurte rapidement à une vive hostilité. Les relations avec Roger Landes, chef du S.O.E. pour la région bordelaise, sont franchement mauvaises. Gabriel Delaunay, représentant du M.U.R., raconte que les deux hommes se rencontrèrent sous le signe d'une méfiance réciproque et sous la menace des mitraillettes ! Chacun prétendait au commandement de la région du Sud-Ouest.

Les quelques rivalités de personnes n'empêchent pas les nombreux groupes girondins de remporter de beaux succès. A Bordeaux, le groupe Dominique parvient à détruire le matériel de la poudrerie de Saint-Médard. Le groupe «F.T.P.F. Gironde» compte en mai 1944 un effectif de 2 500 combattants. Son activité se manifeste par une dizaine de sabotages, trois coups de main et trois attentats.

A Floirac, le groupe Louis Rougès mène à bien des opérations de sabotages. Le groupe Maillane-Arripe endommage une vingtaine de véhicules allemands à Cenon, détruit deux locomotives à la base sous-marine et une dizaine de moteurs d'avions à l'Atelier industriel de l'air.

D'octobre 1943 à mai 1944, les différents groupes girondins de la Résistance accomplissent 55 sabotages sérieux, notamment sur des véhicules allemands, des locomotives et des voies ferrées, des lignes téléphoniques et télégraphiques.

A la veille du débarquement en Normandie, la Résistance en Gironde peut aligner une cinquantaine de groupes totalisant près de dix mille hommes, dont la moitié ne sont pas armés. (8)

(1) André Geraud : La Résistance à Arcachon. Arcachon 1984.
(2) Service Historique de l'Armée de terre : Historique des unités combattantes de la Résistance. Général de la Barre de Nanteuil. Paris 1974.
(3) Henri Michel : Histoire de la Résistance en France. Paris 1950.
(4) et (5) Pierre Bécamps : L'affaire Grandclément empoisonne la Résistance. Historama n°2. Paris 1983.
(6) Service Historique de l'Armée de Terre.
(7) Henri Michel : La Seconde Guerre Mondiale. Paris 1976.
(8) Service Historique de l'Armée de Terre.

*Le Général De Gaulle à Bordeaux le 17 septembre 1944.*

# CHAPITRE III

# HEROS ET MARTYRS

Au mois d'avril 1944, les Alliés établissent plusieurs plans d'emploi des F.F.I pour le jour J et la libération. Un plan Vert vise à paralyser les moyens de transports ennemis pendant une quinzaine de jours, correspondant à l'établissement d'une tête de pont en Normandie. Le plan Bleu comporte le sabotage du réseau électrique. Le plan Tortue doit retarder les colonnes ennemies par la guérilla. Des plans d'attaques des dépôts de carburants et des dépôts de munitions sont également prévus.

Au début du mois de juin 1944, la 1ère armée allemande occupe le Sud-Ouest avec 2 divisions blindées, 5 divisions d'infanterie et plus de 100 000 hommes des différentes Kommandantur. A cela s'ajoute les formations militaires de la Milice et dans certaines circonstances les Groupes Mobiles de Réserve.

En Gironde, la 708$^{e}$ division d'infanterie est épaulée par des éléments de la 11$^{e}$ division blindée et de la 159$^{e}$ division d'infanterie. Les troupes italiennes de la République Fasciste de Mussolini sont également présentes : près de 5 000 hommes au total, dont 3 500 forment à Gradignan la divisione Altantica Fucilieri di Marina. Le reste de ce fort contingent italien occupe la base sous-marine de Bordeaux qui devient la base Atlantica dell'Italia Repubblicana. Les 32 sous-marins italiens opérant dans l'Atlantique feront preuve d'une grande efficacité en coulant 1 000 000 de tonnes de navires alliés. (1)

Les rapports entre les Italiens et les Allemands sont détestables. Voici ce qu'écrit le lieutenant Cornia : «Nous n'aimions pas du tout les Allemands, car la majorité d'entre eux ne dissimulait pas son mépris, souriant ou grossier, à notre égard : nous étions que des «Zigeuner» (Bohémiens), car nous avions honteusement perdu la guerre et notre pays les avait trahis. Cette attitude nous froissait, mais il nous fallait endurer, car nous avions une sacrée dette à leur payer. Je suis certain que la plupart des officiers qui étaient avec nous savaient très bien que la guerre était perdue, que les armes secrètes d'Hitler n'étaient que des sornettes.» (2)

Dans les premiers jours de janvier 1944, le commandant Enzo Grossi, qui a cédé aux Allemands les sous-marins italiens de la base de Bordeaux et mis à la disposition de l'ennemi les hommes qu'il avait sous ses ordres, se rend à Berlin pour recevoir les ordres de ses nouveaux maîtres, laissant temporairement le commandement de la base au capitaine de frégate Ferdinando Corsi, commandant en second. Entre-temps, les Allemands ont donné l'ordre de former une première compagnie de fusiliers marins italiens qui doit , sous le commandement du lieutenant de vaisseau Massimi Di Pace, rejoindre l'île d'Oléron désignée comme devant être sa base de guerre. Cette unité d'élite défendra l'île jusqu'à la fin de la guerre. Par contre un grand nombre de marins italiens n'aspire qu'à rentrer en Italie ou rejoindre la résistance bordelaise. Certains ne dissimulent guère leur haine des Allemands, les «Barbari Tedeschi». Dans chaque soldat allemand, le soldat italien ne reconnaît pas un allié et un frère d'arme, mais un censeur impitoyable, un ingrat, un privilégié touchant double ration. Un peu partout à Bordeaux, les marins italiens se racontent de l'un à l'autre, que Rommel a abandonné en plein désert, à El-Alamein, ses camarades de combat italiens, en leur laissant pour tout message l'ordre de mourir sur place. Les survivants de la VIIIe armée italienne en Russie affirment avec raison que les «Tedeschi», lors de la retraite du Don, ont volé tous les camions, qu'en gare de Millerovo, ils ont vidé des trains sanitaires les blessés italiens pour y entasser leur matériel, et les ont laissés sur le ballast par -30° !

A Bordeaux, quatre marins du bataillon San Marco : Giulio Luciani, Giacomo Parodi, Giovanni De Angelis, Antonio Bini, tentent de rejoindre la résistance girondine.

Au mois de février 1944, on apprend à la base qu'un groupe de carabiniers, commandé par le lieutenant d'infanterie Giorgio Vocaturo, a arrêté dans la campagne de la Gironde trois des quatres militaires «déserteurs» : Luciano, Parodi et De Angelis. Le commandant Corsi, à l'exemple des Allemands, veut les fusiller sans autre forme de procès. Le commissaire, Adriano Vitali, chef du bureau de Justice et Discipline, s'y oppose en invoquant le code maritime italien. Le procès est rapidement instruit sur l'ordre du commandant Corsi qui se nomme lui-même Président du Tribunal. Détail odieux : quelques jours avant le procès, les menuisiers de la base avaient reçu l'ordre de confectionner trois cercueils.

Les trois inculpés sont condamnés à mort. De Angelis lui-même qui, étant décoré de la médaille militaire, aurait dû, en application du code maritime italien, bénéficier de la commutation de la peine de mort en condamnation à trente ans de prison, n'est pas épargné.

Le comportement des condamnés sera exemplaire : le matin du 12 février 1944, ils chanteront devant le peloton d'exécution l'hymne Garibaldien et la Marseillaise. Une compagnie Garibaldienne du 8e régiment de Marche de la légion étrangère sera engagée sur le front du Médoc en avril 1945. Une vingtaine d'Italiens trouveront la mort en combattant aux côtés de la «Soeur Latine». (3)

Le groupe de Résistance du Blayais forme le fer de lance des maquis girondins. Regroupé à Reignac, il peut aligner près de 1200 hommes armés comprenant 72 fusils mitrailleurs Bren, 450 fusils anglais, 300 mitraillettes Sten, 115 revolvers ou pistolets, 16 armes antichars Piats ou Bazookas, 350 kg de plastic et 1500 grenades.

Dès le mois de juin, la Résistance girondine met en application le plan «Tortue». Elle retarde considérablement l'arrivée d'unités allemandes vers la Normandie. Les opérations de harcèlement sont particulièrement payantes dans le quadrilatère Castillon, Sainte-Foy-la-Grande, Lamothe-Landerron, Langon.

*Fusiliers marins italiens.*

Le 8 juin, un groupe de maquisards attaque au bazooka trois blindés allemands qui traversent Sainte-Foy. Quelques jours après, une colonne allemande de la 11e DB perd trois automitrailleuses dans une embuscade. Le 4 août, Sainte-Foy est occupée par 1200 hommes de la formation SS «Karolus» qui, sous les ordres du commandant Besson-Rapp, comprend des Russes Blancs. Plusieurs arrestations sont opérées, dont six juifs qui sont massacrés dans le bois de Soubeiou. Au cours de combats contre les maquisards, Besson-Rapp perd une vingtaine d'hommes.

A Saint-Philippe-du-Seignal, le 5 août, 204 soldats de la formation «Karoluss» sont attaqués par 250 résistants du groupe Ponton-Martin. L'ennemi doit se replier en catastrophe et abandonne une dizaine de tués.

Le 16 août, 400 hommes du groupe Ponton-Martin attaquent la garnison allemande de Sainte-Foy. Après deux jours de violents combats, les Allemands évacuent la ville. Le 18, Sainte-Foy-la-Grande est définitivement libérée.

Au nord de Bordeaux, le groupe du Blayais remporte d'importants succès. Le 10 juin, le capitaine André Bouillard, dit «Dédé le Basque», et ses hommes tendent une embuscade à une colonne allemande qui vient de quitter Bordeaux. L'accrochage a lieu sur la nationale 137, à Saint-André-de-Cubzac. A l'issue du combat 24 camions allemands sont détruits et une cinquantaine d'Allemands tués ou blessés ; les F.F.I comptent 14 tués et 10 blessés.

Le 23 août, «Dédé le Basque» attaque avec 453 maquisards un important convoi allemand de la 159e division. Le combat dure quatre heures. Les Allemands perdent 30 hommes, deux blindés et 16 camions. Apprenant que 50 Allemands se sont retranchés dans un village, «Dédé le Basque» se porte contre eux avec 70 hommes. Au cours de l'action une balle explosive lui arrache le bras ; une autre lui perfore l'intestin. «Dédé le Basque» meurt en véritable héros. La population entière de Blaye assistera à ses obsèques malgré la présence de 12 000 Allemands dans les environs.

Le 26 août la citadelle de Blaye est occupée par les maquisards et le 29 août Saint-André-de-Cubzac est libéré.

Dans le Médoc, les groupes «Charly» (944 hommes) et «Jean Dufour» (163 hommes) se distinguent par leur bravoure. Le 11 juillet 1944, le groupe «Charly» prend d'assaut le château Loudenne à Saint-Yzan et libèrent trente prisonniers des Allemands. Le 17, six membres, de ce même groupe capturent un blindé allemand.

Le 23 juillet, le groupe «Charly» doit engager une véritable bataille pour s'emparer de la poudrerie de Sainte-Hélène : 25 Allemands et 21 résistants sont tués ou blessés.

Dans la nuit du 24 au 25 juillet, 2 700 Allemands et 300 SS hindous, avec chars, et canons légers, tentent d'anéantir le groupe «Jean Dufour». Celui-ci parfaitement entraîné à la guérilla parvient à éviter l'encercle-

*Août 1944, des F.F.I. girondins présentent leur trophée : un drapeau du III^e Reich.*

ment. A la fin des combats 30 résistants manquent à l'appel (tués ou capturés) mais de nombreux ennemis ont été mis hors de combat. (4)

Le bataillon F.F.I Mickey participe à de nombreux combats dans la région de Langon. A Sillas, le 29 juillet, 300 SS hindous tentent de l'encercler. 180 hommes du bataillon parviennent à se replier en sauvant la plus grande partie du matériel. Le 23 août, le même bataillon pénètre dans La Réole et capture 180 soldats allemands.

A Langon, 300 Allemands se sont retranchés dans les maisons et les jardins. Ils attendent l'assaut de 500 F.F.I commandés par l'officier Masson. Le 24 août, une fausse nouvelle annoncant l'arrivée d'une division SS permet à la garnison allemande de s'enfuir vers la route de Bordeaux.

Quelques jours avant le débarquement en Provence, le Haut Commandement allemand donne l'ordre à sa 1ére armée de se replier vers Dijon ; à ce moment, elle compte encore 4 divisions, auxquelles s'ajoutent plus de 90 000 hommes des différentes Kommandanturs du Sud-Ouest, rapidement organisées en unités de combat. L'action des F.F.I est telle qu'une grande partie de ces unités ne peut retraiter vers l'est et se trouve obligée de s'enfermer dans les réduits du Médoc, de la Rochelle et de Royan.

*
**

Si le nord et l'est de la Gironde ont été le théâtre de violents combats, le sud n'est pas épargné.

Richemont, ferme abandonnée dans la lande girondine, à une vingtaine de kilomètres au sud de Bordeaux, avant-poste du maquis de Saucats, est le lieu d'un drame qui se déroule le 14 juillet 1944 : drame héroïque de la Résistance.

Ce jour-là, 14 jeunes gens de 17 à 22 ans, élèves ou anciens élèves du Lycée de Bordeaux occupent la ferme de Richemont.

A l'aube, de nombreux camions ont traversé le village de Saucats. Une quarantaine de miliciens et une soixantaine d'Allemands encerclent la ferme, les premiers devant attaquer à l'ouest, les autres à l'est.

Tout est encore calme sur la lande. Vers 7 h30, l'homme de garde vient prévenir le cuisinier qu'il a vu des hommes s'approcher. Le danger ne semble pas imminent, car les Allemands viennent souvent dans la lande pour s'entraîner. Mais cette fois l'alerte est sérieuse. Les Allemands ouvrent le feu. Aussitôt, les dormeurs se réveillent surpris. Ils sont attaqués. Il va falloir se défendre.

Tandis qu'ils s'habillent, le cuisinier prend son casque, met devant lui un matelas pour se protéger et tire à la mitraillette Sten par la porte. Il est seul dans une pièce avec le lieutenant Mossé ! Les douze autres se trouvent dans la pièce voisine qui n'offre aucune communication avec la première.

*Août 1944, des F.F.I. de la Gironde (armés de PM Sten) encadrent des prisonniers allemands de la 159ᵉ DI.*

*Août 1944, le sabordage des navires allemands dans le port de Bordeaux.*

*Les Résistants du groupe F.F.I. landais Dargelas ont capturé un char Renault R35.*

SOUSTONS
F.F.I.
ANDES

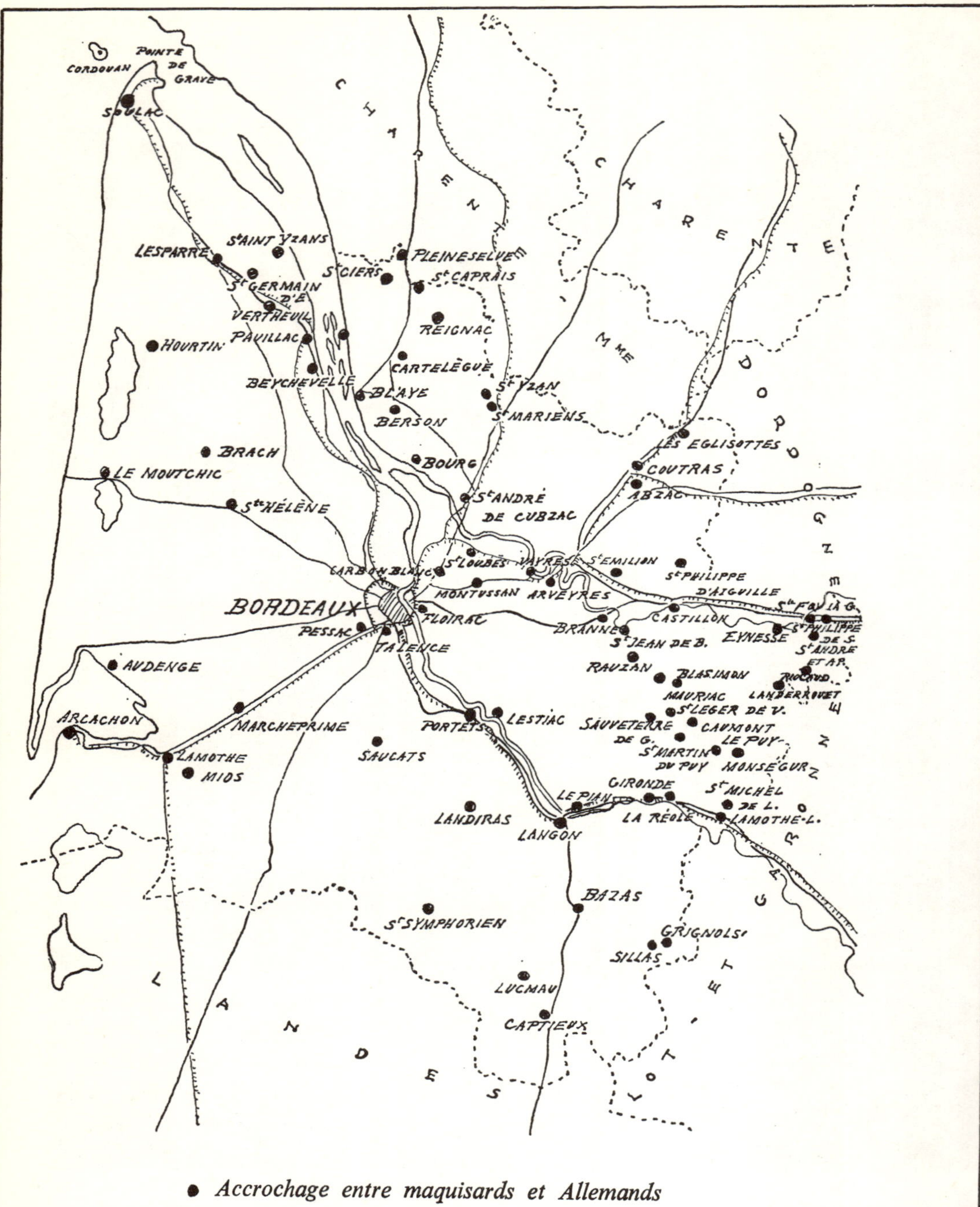


● *Accrochage entre maquisards et Allemands*

(CARTE PIERRE BÉCAMPS)

Le lieutenant, revolver en main, s'approche d'une fenêtre. Il est touché et s'écroule contre le four à pain. Pendant ce temps, dans la pièce voisine, isolés, sans directives, les résistants décident de ne pas capituler. Ils tirent avec leurs armes à travers les ouvertures. L'ennemi est stoppé à chaque fois. Des cadavres jonchent le sol. Mais les munitions des défenseurs s'épuisent. Philippe Béguerie, resté seul dans la pièce après la mort du lieutenant, sort pour essayer de correspondre avec ses camarades. Au milieu des rafales de mitrailleuses et des éclats de grenades, il ne peut pas se faire entendre. Ayant totalement épuisé ses munitions, il s'éloigne en rampant discrètement dans les bruyères et se cache à deux cents mètres de la ferme.

La bataille continue. Les mitraillettes Sten crachent des flammes. Miliciens et Allemands sentent fort bien qu'ils ne pourront venir à bout de la résistance sans artillerie. Vexés d'être tenus en échec pendant trois heures par une aussi faible troupe (100 contre 14), ils vont chercher un canon de 155 au parc d'artillerie du château de Montesquieu. Pendant ce temps, les combats redoublent de violence.

Le canon est placé face à la ferme, à distance de tir tendu. Les trois premiers coups manquent leur but. Dans la ferme, les Résistants, qui ont bien compris que cette fois c'est la fin, brûlent leurs papiers. Un obus atteint l'aile droite de la maison qui s'effrondre dans un fracas de pierres, de plâtre et de poutres. Le groupe de braves se réduit. Certains sont grièvement blessés.

Les jeunes héros décident alors de sortir coûte que coûte. Michel Picon s'empare du drapeau et s'élance vers la porte. Une rafale de mitrailleuse lui perfore le ventre. Les autres, n'ayant plus aucune munition, tentent de rejoindre leur camarade Béguerie. Tous sont fauchés dès leur sortie. Certains, seulement blessés, sont sauvagement achevés par les miliciens.

En fouillant les ruines de la ferme, les Allemands trouvent gravée sur une pierre la devise d'Henri de Bournazel : «Mon âme est à Dieu, mon corps à la France, mon honneur est à moi.»

Ainsi sont morts pour la France des élèves ou anciens élèves du Lycée Michel-Montaigne de Bordeaux : Lucien Anère, Jean-Pierre Bouron, Jean-Claude Bruneau, Guy Célérier, Daniel Dietlin, Jacques Glotz, Christian Huault, Roger Hurteau, François Mossé, Michel Picon, Jacques Rouin, Roger Sabaté et André Taillefer.

L'ennemi compte une vingtaine de tués ou blessés. Le chef milicien donne l'ordre à la Mairie de Saucats d'envoyer des hommes pour enfouir les cadavres. Mais le commandant allemand s'y oppose avec vigueur : «Personne ne doit se rendre à Richemont, tout Français trouvé là-bas sera considéré comme complice.»

Durant toute la journée, les habitants sont hésitants. Cependant, vers le soir de ce 14 juillet lourd d'angoisse, une dizaine d'hommes prennent le chemin de la ferme et sont bientôt rejoints par des gendarmes. Un spectacle affreux et déchirant s'offrent à leurs yeux : la ferme effondrée et, dans la broussaille voisine, des cadavres étendus sur le dos ou le côté, affreusement mutilés.

Les Allemands interdisant toujours l'inhumation au cimetière, les corps sont alignés sur place à côté des décombres. Vers quatre heures de l'après-midi, le 15 juillet, une fosse est creusée et les corps sont mis en bière dans le plus grand recueillement. Lentement, chacun est descendu dans la fosse, et les treize tombes s'élèvent, alignées côte à côte. L'émotion de l'assistance est à son comble, les hommes se découvrent à côté des femmes en larmes, tandis que les gendarmes rendent les honneurs militaires.(5)

*
**

Le 10 août 1944, Monsieur Adrien Marquet, maire de Bordeaux, apprend de la bouche du docteur Herbold, chef de l'administration militaire allemande, que la ville pourrait être transformée en champ de bataille. Or neuf jours plus-tard, la 159e division du général Nake reçoit l'ordre de faire mouvement vers le nord. Si Bordeaux ne doit plus être défendue, des ordres prévoient les destructions du port, du pont de pierre et de la passerelle du chemin de fer.

C'est donc une ville fortement endommagée, coupée de ses moyens de communication, que les Allemands entendent abandonner à la Résistance.

Le dispositif de destruction, en place depuis longtemps, est rapidement utilisable. Comment alors expliquer que les Allemands ne l'aient pas fait fonctionner et se soient limités à saborder leurs navires dans le chenal ?

Le blockhaus de la rue Raze, construit sur le quai de la Garonne, renferme une importante quantité d'explosifs et de détonateurs. Il est gardé en permanence par une quarantaine de soldats allemands dont fait partie l'adjudant artificier Heinz Stahlschmitt. Le 13 août, celui-ci demande à Monsieur Ducasse, docker français, de le mettre en rapport avec la Résistance bordelaise car il peut empêcher les destructions portuaires. Il se déclare anti-nazi et estime que la destruction du port «n'est pas justifiée du point de vue militaire et constituerait un crime contre l'humanité.» (6)

Dès le 20 août, Ducasse le met en rapport avec William Dupuy, membre de la résistance. Les deux hommes se mettent d'accord pour faire sauter le blockhaus. Stahlschmitt demande en échange la garantie d'être libre et de bénéficier de la protection de la résistance, et refuse les cent mille francs qui lui sont offerts, «ne voulant pas être soupçonné d'avoir agi pour un motif vil.» (7)

Le 22 août, l'allemand décide finalement d'agir seul. Il pénétre dans le blockhaus, procéde à l'amorçage et à la mise à feu ; il prend sa bicyclette laissée place Laîné et se dirige rapidement vers le Jardin Public. A 20 h 30, une terrible explosion retentit, suivie aussitôt d'une longue

*Soldats allemands à Bordeaux-Tourny.*

*La libération de Bordeaux.*

*Le général De Gaulle descendant le cours de l'Intendance à Bordeaux le 17 septembre 1944.*

fusillade. Stahlschmitt trouve protection chez le résistant Moga, 100, cours de l'Yser à Bordeaux.

La disparition du blockhaus ne pouvait en elle-même empêcher la destruction du port, mais il est indéniable qu'elle a eu des conséquences psychologiques considérables. Les Allemands furent persuadés que la Résistance bordelaise en était l'unique exécutrice. Dès cet instant, l'occupant prit très au sérieux les forces du maquis qu'il avait cru très affaibli après la trahison de Grandclément.

Le général Nake va jusqu'à proposer un compromis à la Résistance : l'évacuation des troupes allemandes stationnées dans l'agglomération bordelaise s'effectuera sans être entravée par les maquisards. A cette condition le port ne sera pas détruit.

L'entretien courageux du commandant F.F.I Rouges, avec le capitaine de corvette Kühnemann ne fit que persuader l'Occupant de la puissance de la Résistance. Nous pouvons ainsi affirmer que les destructions prévues n'ont pas eu lieu pour les raisons suivantes : au mois d'août 1944, la situation militaire allemande était si catastrophique que la garnison de Bordeaux ne pouvait se permettre d'engager des combats de rues. Elle devait quitter Bordeaux le plus rapidement possible pour atteindre Dijon, avant que les Alliés occupent les routes du Nord-Est. Surestimant les moyens de la résistance bordelaise, le général Nake, commandant la 159e DI, et le capitaine de corvette Kûhnemann, commandant de la base marine, préférèrent négocier.

Les derniers Allemands quittent Bordeaux le 27 août. Le 28 août, dans l'après-midi, les colonels F.F.I. Adeline et Druilhe s'installent victorieusement au Quartier général de la rue Vital Carles.

L'action des F.F.I. a été si brillante qu'à peine un quart des forces allemandes cantonnées dans le Sud-Ouest parvient à atteindre Dijon. Les nombreuses colonnes F.F.I. encerclant Bordeaux : Duchez, Soulé, Claverie, Bertrand, Driant, Carnot, Z, Demorny... ont joué un rôle déterminant dans la débandade de l'ennemi. La colonne du capitaine Duchez s'empare à elle seule du camp militaire de Gradignan et capture 3 500 marins italiens.

Libourne tombe entre les mains de la résistance le même jour que Bordeaux.

(1) Ufficio Storico della Marina. Rome.
(2) Dominique Lormier : Les Guerres de Mussolini. Paris 1989.
(3) Pia Leonetti Carena: Les Italiens du maquis. Paris 1968.
(4) Historique des unités combattantes de la Résistance : Service Historique de l'Armée de Terre. Paris 1974.
(5) Roger Lhombreaud : Un symbole de la Résistance. Le combat de Saucats. Bordeaux 1946.
(6), (7) Pierre Bécamps : La libération de Bordeaux. Paris 1974.

# DEUXIEME PARTIE

# L'EPOPEE DU CORPS FRANC POMMIES

*«Pour moi, le Corps Franc Pommiès n'est pas seulement la plus exceptionnelle unité de la Résistance Française. Il est plus que cela. Il est la Résistance dans sa pureté originelle, la Résistance sans arrière pensée et sans calcul, la Résistance spontanée née d'un refus du fond des êtres.»*

**Gabriel DELAUNAY**
**Chef Régional**
**des Mouvements Unis de la Résistance**
**Conseiller d'Etat**

*Drapeau du C.F.P.*

# CHAPITRE I

# POMMIES LE BORDELAIS

Après les accords d'armistice de juin 1940 qui coupent la France en deux, l'article 4 des conventions prévoit le maintien d'une armée française en zone libre. Elle sera connue sous le nom d'armée de l'armistice.

Les effectifs de l'armée de l'armistice sont fixés en métropole à 100 000 hommes (3 768 officiers, 15 072 sous-officiers et 75 360 hommes de troupe), tous volontaires, auxquels s'ajoutent les 60 000 hommes de la Gendarmerie et les 10 000 hommes des 7 groupements de défense aérienne du territoire.

Les forces terrestres sont organisées en 8 divisions militaires. Sauf exception, chaque division militaire se compose de trois régiments d'infanterie, d'un régiment d'artillerie et d'un régiment de cavalerie. La cavalerie dispose en outre de quatre autres régiments de réserve générale.

Les moyens motorisés sont extrêmement réduits : une seule batterie par régiment d'artillerie, un seul escadron par régiment de cavalerie divisionnaire. L'armement lourd est interdit par le vainqueur : aucun char, pas d'artillerie lourde, ni d'armes antichars. Seuls sont autorisés huit automitrailleuses Panhard (sans canon de 25) par division, quelques mortiers et mitrailleuses et l'armement individuel, fusils MAS 36 ou mousquetons et pistolets-mitrailleurs de divers types.

Un plan de mobilisation établi en secret aurait permis, grâce au camouflage du matériel, de tripler le nombre des divisions en cas de reprise des

*Le lieutenant-colonel André Pommiès, dit «Le Bordelais».*

hostilités, en motorisant complètement 8 divisions. (1)

Dans chaque régiment de l'armistice, deux officiers exercent des fonctions clandestines. L'un a la charge de garder le contact avec les hommes rendus à la vie civile pour entretenir l'esprit de revanche et «remettre ça» à l'issue d'une mobilisation secrète. Le second est le gestionnaire des armes et du matériel interdits par l'occupant, mais récupérés et camouflés à l'insu de la commission d'armistice.

On a souvent reproché aux cadres d'actives une participation insuffisante à la Résistance. Rien n'est plus faux. En 1939, l'Armée de Terre comptait 35 000 officiers : 1942, 12 000 sont prisonniers en 1940, 20 500 servent ou vont servir dans la Résistance de 1942 à 1944 (F.F.I., F.F.L., ...). Seulement 25 00 s'abstiendront de toute forme de résistance. (2)

Dans le contexte de novembre 1942, faute d'une intervention alliée directe sur les côtes françaises à brève échéance, l'armée de l'armistice est dissoute. Mais l'organisation clandestine déjà esquissée s'étoffe considérablement. Dès le mois de décembre 1942, l'Organisation de Résistance de l'Armée est mise sur pied. Son ossature est le deuxième bureau, camouflé de diverses façons ; le contre-espionnage devenant par exemple Travaux Ruraux. Son premier chef, le général Frère, arrêté en juin 1943, est remplacé par le général Verneau, arrêté lui aussi en septembre 1943, auquel le général Revers va succéder.

Au début du mois de janvier 1943, l'O.R.A. compte déjà 8 000 hommes. En décembre 1943, les effectifs de la zone sud sont de 30 000 hommes, ceux de la zone nord de 15 000. L'O.R.A. va contribuer à faire passer en Afrique du Nord, par l'Espagne, les cadres et les spécialistes, que réclame la nouvelle armée française. Mais elle forme aussi des cellules régionales, et organise ses maquis et ses corps francs, comme celui de Pommiès dans le Sud-Ouest.

*
**

Le chef du Corps Franc Pommiès, qui va porter dans la Résistance le pseudonyme de «Bordelais», est né le 9 juin 1904 à Bordeaux. André Pommiès entre à l'école spéciale militaire le 8 octobre 1924. Le 1er octobre 1926, il est nommé sous-lieutenant au 144$^{e}$ R.I.

Elève de l'Ecole supérieure de guerre en 1934, il en sort breveté et passe capitaine le 24 mars 1936. Après avoir combattu au cours de la Campagne de 39/40, Pommiès est affecté au 18$^{e}$ régiment d'infanterie de Pau. Dès septembre 1940, il entre en relation avec ses homologues des corps de troupe pour organiser des unités de combat. Il poursuit avec courage cette tâche, au gré de ses affectations, jusqu'à l'invasion de la zone sud, le 11 novembre 1942, alors qu'il sert à l'Etat-Major de la 5$^{e}$ division à Toulouse, avec le grade de chef de bataillon.

*Le chef Pommiès entouré de son Etat-Major.*

Le commandant Pommiès se retrouve en congé d'Armistice. Formé au sein des services de renseignements et ayant gardé tous ses contacts militaires, il organise la mobilisation secrète. A compter du 17 novembre 1942, avec ses adjoints, les capitaines du Temple de Rougemont et Ginestet, le «Bordelais» établit son Poste de Commandement à Toulouse.

Si le contact est permanent avec les chefs de l'O.R.A., les tentatives de rapprochement avec les groupes politisés tournent court, car Pommiès ne vise qu'à la libération de la Patrie par un combat sans arrière-pensée politique.

Au début de 1943, Pommiès dispose d'un embryon de PC et de trois sous-groupements dans les dix départements de l'ex-région militaire. Bientôt, les trois sous-groupements deviennent quatre groupes comportant chacun une section de destruction. Les effectifs se multiplient par le ralliement des réfractaires du S.T.O.

A la fin de 1943, l'articulation du Corps Franc Pommiès est la suivante :

— Groupement Sud-Ouest : capitaine Bénony. (Hautes-Pyrénées, Basses-Pyrénées et partie des Landes).

— Groupement Sud-Est : capitaine de Rougemont puis lieutenant Miler. (Ariège, sud de la Haute-Garonne et partie sud-est des Hautes-Pyrénées).

*L'Abbé Pambrun, aumônier du C.F.P.*

— Groupement Nord-Est : capitaine Cramaussel. (Lot et trois quart nord du Tarn-et-Garonne).
— Groupement Est : chef d'escadrons de Clerck. (Nord de la Haute-Garonne, sud du Tarn-et-Garonne, partie de l'Aude).
— Groupement du Gers : Lieutenant Magne.

Au 5 avril 1944, les effectifs du C.F.P. s'élèvent à 8 800 hommes, dont 5 300 en unités organisées. Le 18, Pommiès rattache le groupement du Gers à celui du chef-d'escadron de Clerck. Deux nouveaux groupements sont également créés :
— Groupement Centre : Lieutenant Céroni. (Hautes-Pyrénées à l'est de Tarbes et partie du Gers située au sud d'Auch).
— Groupement Ouest : capitaine de Milleret (Carnot). (Landes et partie ouest du Gers). (3)

Monsieur Jean d'Aligny, l'un des adjoints du «Bordelais», est arrêté en mars 1943 par la Gestapo. Le capitaine de Rougemont le remplace tandis que le capitaine Ginestet se voit confier l'organisation administrative du C.F.P.

Les deux premiers parachutages d'armes et de munitions se déroulent dans la nuit du 1er au 2 mai 1943, à l'est de la ville d'Auch. Puis, grâce aux liaisons directes radio que Pommiès établit avec la Section Action de Londres, cinq autres parachutages sont réalisés à 12 kilomètres de Tarbes, entre août 1943 et mai 1944.

Cet arsenal, qu'il faudra parfois défendre fermement contre les maquis «internationalistes», va servir à porter des coups sévères à l'occupant allemand. L'action du C.F.P. va être souvent déterminante dans la libération du Sud-Ouest.

(1) Andrew Mollot : Les Forces Armées de la Dernière Guerre. Paris 1981.
(2) Colonel A. de Dainville : L'O.R.A. La Résistance de l'Armée. Paris 1974.
(3) Général Marcel Céroni : Le Corps Franc Pommiès. Tome I, Toulouse 1980.

*Le lieutenant-colonel du Temple de Rougemont.*

*Assis au centre, le capitaine Céroni, commandant du groupement Centre du C.F.P.*

# CHAPITRE II

# LA CLANDESTINITE

Au sein du Corps Franc Pommiès, le groupement Sud-Ouest va déployer une intense activité au cours de la période clandestine. Créé en janvier 1943, sa zone d'action couvre les Hautes-Pyrénées, les Basses-Pyrénées et une partie des Landes.

Le 1er avril 1943, le capitaine Balade est remplacé à la tête du groupement par le capitaine Bénony. En raison des nombreuses unités militaires qui avaient été en garnison dans les villes de Tarbes et de Pau, le groupement Sud-Ouest dispose d'une parfaite organisation et d'un encadrement de haut niveau. Il peut aligner un état-major, une section de renseignements et de destructions (lieutenant Pottier), trois bataillons pour les Hautes-Pyrénées, un bataillon pour les Basses-Pyrénées et un pour les Landes. L'ensemble représente en avril 1944, 715 hommes dotés d'un important armement : 11 fusils mitrailleurs, 200 mitraillettes, 31 fusils, 86 révolvers...

Le 18 avril 1944, Pommiès réorganise les zones de responsabilités des Groupements. C'est ainsi que le groupement Sud-Ouest se trouve amputé d'une partie des Hautes-Pyrénées et du département des Landes.

Le 23 mars 1944, le lieutenant de cavalerie Céroni, chargé de former le groupement Centre, est arrêté à Tarbes par la Gestapo. Conduit à la Feldgendarmerie de l'Hôtel Moderne, Céroni est immédiatement interrogé. On l'accuse d'appartenir à un mouvement de résistance et de cons-

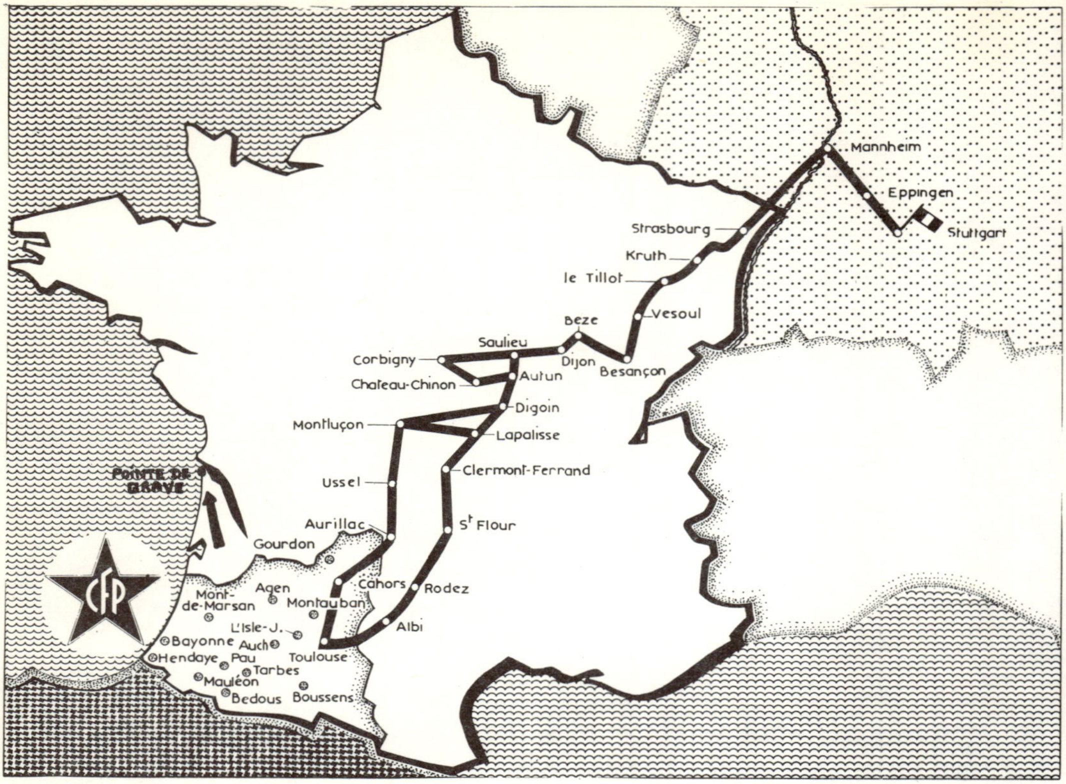


*L'Epopée du Corps Franc Pommiès 1942-1945*

tituer des bandes armées. Malgré les menaces de violence, il nie tout. La Gestapo le fait enfermer dans une cellule de l'ancienne prison du 24e régiment d'artillerie.

Madame Montblanc, voisine de palier de Céroni, prévient le beau-frère de Céroni, le lieutenant de cavalerie Navarro, également membre du C.F.P. à Tarbes.

Navarro, véritable tête brûlée, rôde autour de la Felgendarmerie et parvient à savoir où se trouve enfermé Céroni. Après avoir récolté de nombreuses informations, notamment grâce à une équipe de surveillance commandée par Dejoie, Navarro expose un plan d'évasion :

«*La prison, gardée par des SS, est à l'angle nord-est de la caserne. On y entrera par escalade. Celle-ci fera l'objet d'une protection très étoffée.*

*En conséquence, un premier groupe de quatre hommes dépassera la prison sur la route de Bagnères et surveillera la porte est. Il a pour mission d'annihiler sans bruit la ronde qui pourrait la franchir.*

*Un groupe de neuf hommes s'installera dans les tranchées de défense passive situées à dix mètres de la grande porte d'honneur de la caserne et à 15 mètres environ du poste de garde permanent. Il a pour mission de surprendre le poste et de le museler si la sentinelle semble s'inquiéter.*

*Le groupe d'escalade, à l'effectif de 4, opérera après la mise en place des deux groupes de protection. Une échelle de huit mètres sera dressée contre le mur de la prison. J'y monterai seul...*

*S'il y a un factionnaire et qu'il m'aperçoit, je serai abattu ; ce sera l'échec et tout le monde devra s'éclipser rapidement... S'il ne me voit pas et qu'il se promène, j'attendrai qu'il soit à mon aplomb pour lui sauter dessus ; après une chute de six mètres je l'assommerai probablement. Je serai peut-être assommé aussi... ou embroché sur sa baïonnette, mais l'essentiel sera fait. Si je suis embroché, je serai remplacé par Dejoie et Sarrazin... Il faudra ensuite passer l'échelle à l'intérieur, aller ouvrir les cages de nos «oiseaux» (Mr Monties, membre de l'A.S. est également emprisonné), libérer leurs mains, repasser l'échelle à l'extérieur... S'il n'y a pas de factionnaire, tout ira pour le mieux... Dans le cas d'une ronde en cours d'opération, l'assommer dès qu'elle ouvrira la porte.*

*Repli dans l'ordre inverse : groupe d'escalade, puis groupes de protection.*» (1)

Pour cette opération périlleuse, Navarro et ses hommes se chaussent d'espadrilles et utilisent un armement commando : pistolet automatique, mitraillette, poignard, cordelette de strangulation.

Le 24 mars, à deux heures du matin, les équipes de protection sont en place. L'équipe d'escalade, munie de pinces, de scies, de marteaux et de cordes, place une échelle de bois le plus doucement possible contre le mur de six mètres. L'intrépide Navarro monte le premier... Tout va bien, lorsque soudain des phares trouent l'obscurité. On lève rapidement l'échelle et Navarro reste aplati sur le sommet du mur. Il en profite pour regarder l'intérieur de la prison : personne dans le chemin de ronde où d'habitude un SS fait la navette. Les phares sont ceux d'Allemands rentrant à bicyclette et que l'équipe de protection laisse passer tranquillement.

L'échelle est remise en place. Les résistants, parmi lesquels Dejoie, montent à leur tour sur le mur. Il s'agit maintenant de faire passer l'échelle à l'intérieur, une échelle en bois de huit mètres, sans heurter la paroi. La corde qui la soutient casse... mais le bruit ne donne pas l'éveil... et la manœuvre réussit.

Navarro se dirige droit à la cellule de son beau-frère et l'appelle. Un bruit de paille froissée et le détenu se montre par le guichet. Pour ouvrir, il s'agit de tirer le gros verrou qui, malheureusement, grince de manière infernale. «*Je savais que vous viendriez*», dit Céroni qui tend ses poings liés et dont Navarro scie les menottes.

Depuis plusieurs heures, Céroni n'a pas subi d'interrogatoire. Jeune et agile, il franchit facilement le mur.

Il reste à délivrer Monties. Même bruit de paille, même verrou grinçant, au risque de donner l'alerte... Le malheureux dont les ongles ont été arrachés n'a plus toute sa lucidité. Surpris, il se met à tourner sur lui-même, comme un fou, Navarro doit le pousser par les épaules, le hisser jusqu'au sommet du mur où, malgré ses 110 kilos, il lui prend la fantaisie de vouloir sauter. On l'en dissuade enfin et il se laisse descendre avec des cordes.

Dernière inspection de Navarro aux cellules : plus personnes à libérer.

A son tour, il franchit le mur avec ses hommes, puis chacun disparaît dans la nuit.

L'exploit était réalisé : les deux résistants se trouvaient libre !

Au matin, tandis que Navarro et ses hommes dormaient bien sagement, les Allemands constatèrent l'incroyable évasion. Le poste de guet avait entendu quelque chose : la sentinelle était sortie... puis rentrée sans avoir rien vu de suspect. Pour le prix d'une telle négligence, un sous-officier et quatre hommes des bataillons SS furent passés par les armes ! (2)

*Août 1944, groupe de maquisards du C.F.P. dans le Sud-Ouest.*

*Maquisards du groupement Miler du C.F.P.*

Les Allemands disposent avec la Gestapo d'une arme diabolique contre la Résistance. Pour la combattre, le commandant Pommiès organise un vaste réseau de renseignements. Celui-ci devient rapidement efficace et s'introduit chez l'ennemi lui-même, «se mettant en quelques sortes dans la gueule du loup pour mieux connaître ses crocs.» (3)

Scheider, chef du service de renseignement du C.F.P. parvient à établir 3000 fiches d'agents collaborateurs de la Gestapo. A Tarbes, l'agent de la Gestapo le plus actif est sans conteste le sous-chef Vidoni. Le capitaine Bénony a rapidement conscience du danger qu'il représente. Pommiès lui donne l'autorisation de faire procéder, par des moyens locaux, à son enlèvement ou à son exécution, sa préférence allant à la première solution qui offrirait la possibilité d'un marchandage.

L'adjudant de cavalerie Sarrazin, apprécié pour son audace et son intelligence, est chargé de la mission. Il expose un plan fort simple à son équipe : «Nous savons que Vidoni est un habitué de «l'Obstacle», bar situé en plein centre de Tarbes, en face de l'Hôtel Moderne, siège de la Kommandantur. Un soir, on l'attendra devant l'établissement. S'il sort avant 21 heures, alors que la circulation automobile est encore autorisée, on s'emparera de lui et, à bord d'une camionnette, on le conduira dans le bois de Laslades (10 km à l'est de Tarbes). Dans le cas contraire, on l'abattra avec un pistolet silencieux, afin de ne pas attirer l'attention de la sentinelle allemande placée devant la proche Kommandantur.»

Il a choisi son équipe avec le plus grand soin : Madame Sarrazin surveillera Vidoni au bar et signalera son départ. Six membres du C.F.P. et deux de l'A.S. l'enlèveront.

Le 31 mars 1944, à 19h 30, le dispositif est mis en place. Madame Sarrazin pénètre dans le bar et se mêle à une conversation qu'a le propriétaire avec Vidoni. Sarrazin et ses compagnons se placent devant la sortie principale de «L'Obstacle», rue Despourins ; la camionnette est garée le long du trottoir opposé.

Le temps passe. Un peu avant 21 heures, Sarrazin renonce à l'enlèvement et se résoud à l'exécution. Il renvoie alors les deux membres de l'A.S. (Tixador et Nunez) avec la camionnette.

A 22 h, la sortie principale du bar est fermée. Robert Eischen prend la relève de Mme Sarrazin qui rentre chez elle, non sans avoir signalé que Vidoni est armé. Les six autres attendent à l'extérieur, devant la porte de service.

A 22h 30, Eischen sort ; comme convenu, il précède Vidoni. Dès que celui-ci paraît, le Résistant Dorckel tire sur lui, à bout portant, avec son pistolet silencieux. Vidoni fait semblant d'être touché, puis dégaine son arme et fait feu sur les assaillants qui, heureusement, ne sont pas atteints. Bien que surpris, Sarrazin riposte immédiatement avec son révolver et Viltard avec sa mitraillette Sten.

Au bruit de la fusillade, la sentinelle de la Kommandantur intervient avec son fusil. Mais les sept hommes disparaissent dans la foule qui sort d'un cinéma voisin.

Le lendemain, l'un des membres du groupe, le policier Martin se rend à la morgue, où il constate avec stupeur que sur 19 balles tirées, une seule a été mortelle : Vidoni portait sous son costume une épaisse cotte de maille ! (4)

Le bilan des équipes de répression du C.F.P. est impressionnant : 68 officiers ou agents de la Gestapo supprimés avant le 6 juin 1944 !

Monsieur Villeneuve, membre du C.F.P. tient à préciser : «Abattre 68 agents ou officiers de la Gestapo prouve la vigilance et l'efficacité du Service de Renseignements du Corps-Franc. Mais tirer, de sang-froid, dans le dos d'un soldat de la Werhmacht qui se promène dans la rue, cela, jamais aucun de nous ne l'a fait .» (5)

*
**

Dès le début de l'année 1943, l'usine Hispano-Suiza de Soues (Hautes-Pyrénées) travaille au profit de la Luftwaffe. Sa production mensuelle représente alors 200 moteurs d'avion.

Lorsqu'en mars 1944, le haut-commandement allié fait connaître son

*Sabotage de l'usine Hispano de Soues.*

intention de bombarder l'usine, avec le risque de toucher la population civile, le chef Pommiès intervient immédiatement pour demander le report de cette opération. «Pas besoin de forteresses volantes pour arrêter le travail dans cet établissement», dit-il. (6)

Le 15 avril 1944, le commando Pottier du C.F.P. guidé par le Directeur de l'usine lui-même, réalise avec une incroyable audace, à la barbe de l'occupant, le sabotage intelligent des installations, c'est-à-dire qu'elles sont suffisamments détériorées pour interdire toute activité pendant de longs mois, mais ne sont pas détruites irrémédiablement. Des victimes ? Aucune !

Le chef Pottier est radieux : sa mission est un succès. Il en aura la confirmation lorsqu'un technicien allemand venu de Paris aura déclaré au directeur Martin-Neuville que la production de l'usine Hispano-Suiza ne pourra pas reprendre.

Diverses opérations importantes sont également effectuées dans les Basses-Pyrénées. Celles-ci sont réalisées par l'équipe de destruction du C.F.P. conduite par le chef Amiot.

Le 15 avril 1944, l'usine optique et de mécanique de précision (S.F.O.M.) de Pau, rue Lapouble, est gravement endommagée : 8 tours, une rectifieuse et une machine optique sont détruites. Le 5 mai, un nouveau sabotage de l'usine optique est réalisé avec d'excellents résultats :

le transformateur central est détruit et la production est définitivement arrêtée.

Le 13 mai 1944, l'équipe Amiot s'introduit secrètement dans l'usine Dewoitine de Jurançon où se trouvent entreposés des moteurs d'avions. Le résultat de l'opération est le suivant : 30 machines-outils et 13 moteurs détruits, ainsi que l'effondrement de bâtiments et l'incendie de 1200 litres d'essence.

En mai 1944, Le chef de Milleret (Carnot) exécute avec son équipe le sabotage de l'Arsenal de Tarbes. La fabrication des canons de 150 mm est stoppée jusqu'à la libération.

En Béarn et en Soule, le Corps Franc Pommiès fait preuve d'une remarquable efficacité : 34 opérations de sabotages sont effectuées avec succès.

Le bilan de la période de décembre 1943 à mai 1944, résume parfaitement le rôle très important du C.F.P. dans la destruction du potentiel économique et militaire de l'occupant. Ainsi, on compte à son actif :

— 40 locomotives à vapeur détruites.
— 500 coupures de rails.
— 12 usines sabotées.
— 30 ponts et ponceaux détruits.
— 25 kms de télécommunications endommagés.
— 7 lignes à haute tension interrompues en permanence.

*Le commandant Pottier du C.F.P.*

Le 6 juin 1944, le commandement français de Londres donne l'ordre de passer à l'insurrection générale. Les phrases convenues sont entendues à la radio. Le Corps Franc Pommiès mobilise tous ses effectifs, plus de 9 000 hommes, pour mener la lutte ouverte.

(1) L'Etoile Noire, bulletin de l'amicale du C.F.P. - 49e RI.
(2) L'Etoile Noire, bulletin de l'amicale du C.F.P. - 49e RI.
(3) Commandant Chambert : Liberté. Historique du C.F.P. Paris 1947.
(4) L'Etoile Noire, bulletin de l'amicale du C.F.P. - 49e RI.
(5) Cassette-Vidéo de Monsieur Villeneuve : Historique du C.F.P.
(6) Le Corps Franc Pommiès. Section des Hautes-Pyrénées. Tarbes.

# CHAPITRE III

# LA LUTTE OUVERTE

La section de destruction de Bernard Amiot est l'une des premières unités du C.F.P. à se distinguer dans la lutte ouverte. Dès le 8 juin, elle prépare le sabotage de la voie ferrée Toulouse-Bordeaux, au lieu dit Le Petit Bézy, à 6 km de Moissac. A cet endroit, la voie ferrée est droite sur 400 mètres environ. Enserrée entre la R.N. 113 et le canal du Midi, elle présente l'avantage de se trouver pratiquement au même niveau alors que partout ailleurs, la voie ferrée est très en contrebas de la nationale.

Le sabotage doit être effectué juste avant le passage d'un train qui transporte des chars de la 2e division blindée SS «Das Reich».

Le 9 juin, tous les membres de la section revêtent la combinaison des troupes motorisées, portent sur le bras gauche le brassard tricolore où figure le matricule et sur le bras droit l'étoile noire, insigne du C.F.P. L'armement est convenablement réparti : le fusil-mitrailleur Bren est confié au soldat Lardennois, doté en plus, d'un pistolet Colt ; tous les autres reçoivent une mitraillette Sten.

Le départ en camionnette est enfin donné. Après un trajet sans histoire, l'équipe arrive sur les lieux vers 15 h. Le véhicule fait demi-tour pour être ensuite camouflé dans un petit chemin à quelques dizaines de mètres de la nationale, prêt à démarrer en direction de Boudou.

Après s'être assurés que la voie est libre, Amiot et ses hommes traversent rapidement la R.N. 113 puis longent un petit champ de blé et abordent enfin la voie ferrée. A cet instant, ils sont surpris de voir quatre cheminots travailler sur la voie. Amiot et son adjoint Lauzier vont à leur rencontre et leur font fermement comprendre la situation. Le fusil-mitrailleur est rapidement mis en batterie dans l'axe de la voie. Les opérations de sabotage sont exécutées sans tarder.

Amiot se dirige à une centaine de mètres en direction de Moissac et place ses explosifs le long des rails, sur la voie Toulouse-Bordeaux. Lauzier en fait de même un peu plus loin sur la voie Bordeaux-Toulouse.

Le sabotage étant en place, le groupe aurait dû normalement se replier et assister de loin à l'explosion. Malheureusement, la présence des ouvriers incite Amiot à rester sur place jusqu'à l'arrivée du train. Il craint qu'ils ne donnent l'alerte par peur des représailles.

A 16 heures, le bruit d'une locomotive en marche se fait entendre. Cachés le long du remblai les Résistants attendent les armes à la main. Brusquement le train apparaît. Quelle déception ! ce n'est pas le convoi de chars mais un train de voyageurs. Les Allemands ont par mesure de sécurité fait précéder au dernier moment leur convoi par un train de civils qui transportent également des soldats.

Il n'est plus possible de changer quoi que ce soit. La gorge serrée, le groupe Amiot voit le train aborder à une bonne vitesse le lieu du sabotage. Une terrible explosion retentit : les charges ont sauté sous la locomotive et les rails ont été sectionnés. Sur sa lancée, la locomotive continue sa course quelques dizaines de mètres tandis que derrière elle, les premiers wagons déraillent les uns après les autres sans se renverser, évitant des pertes parmi les civils.

La première surprise passée, les Allemands qui occupent un certain nombre de compartiments, sautent rapidement à terre et ouvrent un feu d'enfer avec toutes leurs armes.

Le groupe de destructions doit se replier, couvert par Amiot et Lauzier qui ferment courageusement la marche. Les Résistants remontent en direction de la R.N. 113 sous le feu adverse. Après avoir traversé le champ de blé, Marcel Lardennois, porteur du fusil-mitrailleur, est à bout de souffle. Amiot prend alors le F.M. et demande à Lauzier de passer devant lui pour activer le repli des hommes. Epuisé, le groupe aborde enfin la nationale qu'il traverse pour ensuite s'engager dans le chemin où se trouve la camionnette. A cet instant précis, une patrouille ennemie débouche à 100 mètres. Un vrai déluge de balles s'abat sur les résistants. Amiot qui couvre avec héroïsme ses hommes reçoit une balle explosive en pleine tête. Lauzier essaie de le transporter mais ne peut malheureusement le soulever : Amiot est un gaillard de 83 kg. Se rendant compte qu'il est mort sur le coup, Lauzier lui retire son carnet confidentiel et, le cœur lourd, bondit vers la camionnette conduite par Rouvrais qui démarrre à toute vitesse.

Après cette course folle, Lauzier fait le bilan de l'opération. Tout le

*Maquisards du C.F.P. rattachés à la section de destruction Amiot.*

*Un des 267 sabotages du C.F.P.*

monde est vivant sauf bien sûr, Amiot. Un seul est blessé : Bulher dont une balle a traversé le bras. Le sabotage n'a pas été meurtrier pour les voyageurs civils. Néanmoins, la remise en état de la voie a retardé le renforcement du potentiel ennemi sur le front de Normandie.

Le 12 juin, Lauzier décide de revenir sur les lieux du sabotage et de l'accrochage. En cours de route, une patrouille allemande l'arrête et le trouve porteur d'un pistolet automatique. Il est aussitôt ligoté, jeté à plat ventre et roué de coups. Emmené à Montauban dans une caserne, il y est interrogé. Pour tromper l'ennemi, Lauzier se fait passer pour un milicien en mission, mais cet argument ne convainc pas les tortionnaires.

L'interrogatoire se poursuit tard dans la nuit du 12 au 13 juin. Donnant l'impression d'être totalement abattu, Lauzier est laissé seul face à un officier allemand. Soudain Lauzier se redresse et porte avec le tranchant de sa main droite un violent coup sur la gorge de l'officier. Celuici tombe comme une masse, sans un cri.

Après un rapide coup d'œil, Lauzier vérifie que la voie est libre ; il descend alors dans la cour et avec un incroyable sang-froid sort par la grille où règne un va et vient permanent. Il gagne alors la route de Toulouse et disparaît dans la nature. Quelques jours plus tard, il reprend contact avec le chef Pommiès à Tarbes.

Malheureusement, le 26 juin, Lauzier, Lardennois, Ochmke et Rouvrais sont arrêtés par les Allemands. Ils s'échappent au peloton d'exécution mais sont déportés tous les quatre en Allemagne. Ils résisteront aux mauvais traitements et rejoindront la France en 1945. (1)

*
**

Dans la nuit du 7 au 8 juin 1944, la section Audouaire du C.F.P., composée des groupes Viltard, Dejeanne et Dorckel quitte les bois de Sarouilles pour se diriger à pied vers Castelvieilh, à quelques kilomètres de Tarbes. La section arrive en pleine nuit sur les hauteurs dominant la localité. A l'aube, le chef Audouaire décide de tendre une embuscade sur la N 632, au sud du village de Castelvieilh, à 200 mètres de la dernière ferme.

Dans ce secteur, la route fait plusieurs lacets sur une pente fort inclinée. Un talus surplombe la route du côté est. Malheureusement le terrain, peu couvert, ne présent aucune sécurité de repli.

Paul Eischen s'est porté volontaire pour servir le fusil-mitrailleur Bren, l'unique arme automatique de la section. C'est un tireur d'élite, spécialiste du F.M. Il s'installe à l'ouest de la route, au-dessus d'un boqueteau. Il n'est guère satisfait de son champs de tir limité à seulement 250 mètres, et le poste de combat est à découvert. Aussi, décide-t-il avec son camarade Lemeunier d'améliorer la position à l'aide d'une pioche.

*Un des nombreux sabotages réalisés par le C.F.P.*

*Maquisards du C.F.P.*

*Unité motorisée du C.F.P.*

*Des Gebirgsjäger réparent un pont endommagé par les Résistants.*

La section est répartie de la manière suivante : sur le talus surplombant la route, le chef Audouaire avec les groupes Dorkel et Dejeanne. A l'ouest, le groupe Viltard avec le F.M. battant toute une partie de la route ; un guetteur est en plus posté tout en haut d'un talus permettant de voir en direction de Tarbes. Une barricade, constituée de charrettes, barre la route à la sortie sud de Castelvieilh.

Audouaire, accompagné des résistants Mestaries, Pomès et Guinle vont inspecter le boqueteau. Soudain l'alerte est donnée par le guetteur qui annonce l'arrivée de trois camions allemands. Audouaire et ses hommes pensent ne plus avoir le temps de reprendre leur place sur le talus. Ils se cachent donc en bordure du petit bois. Le restant de la section reprend rapidement ses postes de combat suivant les dispositions initiales.

Chacun serre son arme, s'assure que la grenade est bien en main, prête à être dégoupillée. L'attente semble longue, on entend le bruit des camions qui peinent dans la montée de la côte. Il fait chaud, la sueur coule sous les casques d'acier, la campagne est belle. Enfin, sortant du virage, le premier véhicule apparaît débâché ; il est plein d'Allemands. La consigne du chef Audouaire est formelle : «Attendre que l'ensemble du convoi soit engagé dans l'embuscade et n'ouvrir le feu que sur le signal de Viltard.»

Celui-ci attend donc que le troisième camion progresse encore un peu, puis lance une grenade sur le premier véhicule. Eischen appuie aussitôt sur la détente de son fusil-mitrailleur. Catastrophe ! après une courte rafale, l'arme ne tire plus qu'au coup par coup.

Les deux autres groupes ont déclenché un violent tir. Audouaire et ses camarades, embusqués en bordure du boqueteau lancent des grenades et tirent des rafales de mitraillettes. Le premier camion prend feu et le chauffeur, frappé en pleine tête, s'écroule sur le volant.

Les Allemands sautent des camions et se précipitent tous en direction du petit bois où ils sont reçus à coup de mitraillettes par les Français. L'ennemi très supérieur en nombre anéantit le petit groupe de maquisards.

Gaston Audouaire, Dominique Dejeanne, Mestarie et Pomès succombent tandis que Dorckel et Guinle réussissent à sortir du boqueteau et à s'enfuir à travers la prairie. Malheureusement, ils ne vont pas loin, Dorckel s'écroule, frappé à mort ; Guinle touché à l'épaule se laisse tomber pour éviter de servir de cible aux Allemands.

Ces derniers engagent une manœuvre d'encerclement du petit bois. Mieux armés, fusils Mauser et mitrailleuses MG 34 contre mitraillettes Sten, ils semblent prendre le dessus.

Le groupe Viltard toujours en position en haut de la route, voyant la menace, décroche rapidement.

L'ennemi abandonne la poursuite, charge ses morts et ses blessés. Il a hâte de quitter le secteur au plus vite. Selon le témoignage d'un cultivateur ayant assisté au combat de son champs, les Allemands auraient eu

# LE CORPS FRANC POMMIÈS EN BÉARN ET EN SOULE

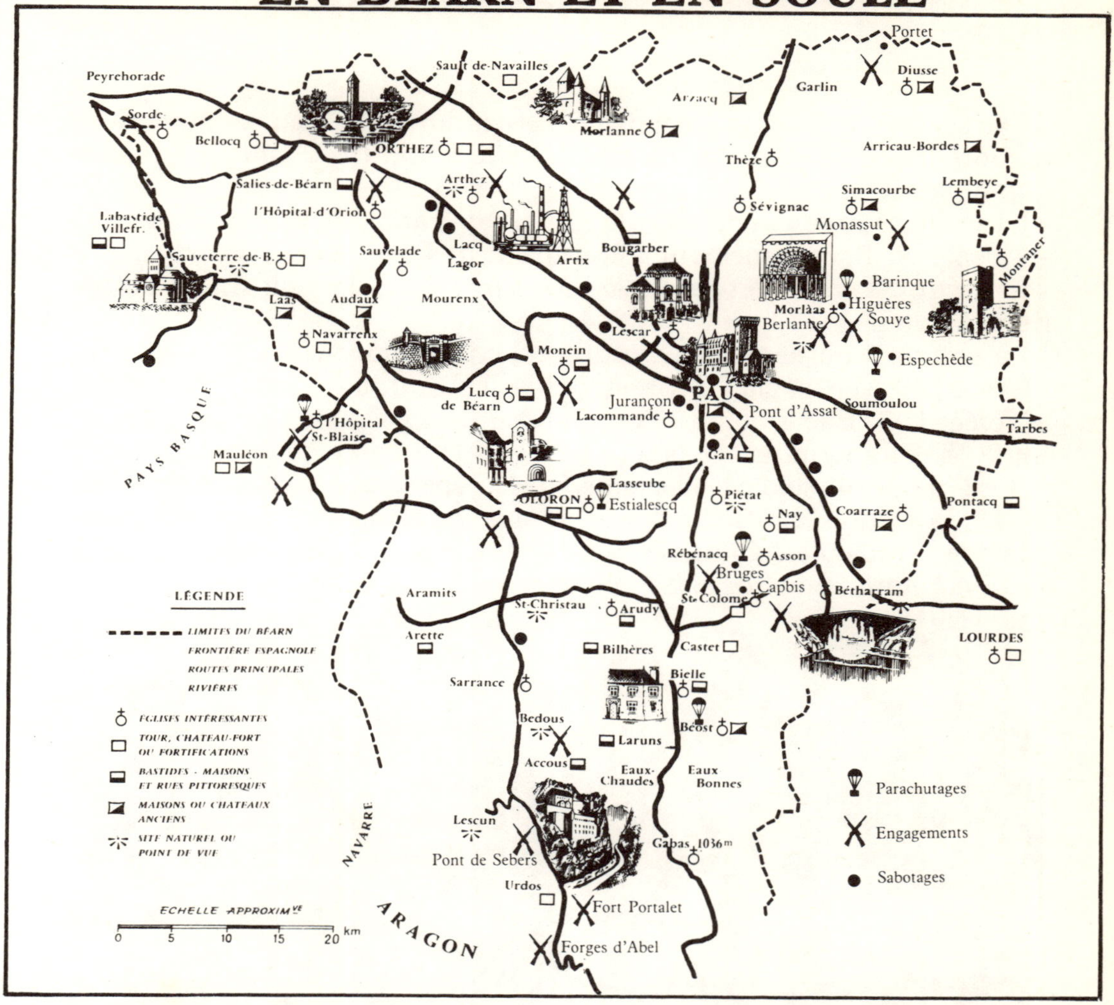

près de vingt tués ou blessés. (2)

Une stèle a été érigée à l'entrée de Castelvieilh pour rappeler au passant le sacrifice des cinq héros de la section Audouaire. (3)

*

**

Au sud-est de Pau, la compagnie Vernet du C.F.P. se rassemble pour prendre les dispositions nécessaires. Dès le 6 juin 1944, elle peut aligner quatre sections :

- La section Prat doit contrôler la route Nay-Tarbes au bois de Bénéjacq.
- La section Barbe, même mission mais sur l'axe Nay-Oloron.
- La section Knotte doit garder le pont sur le Gave de Pau, situé à la sortie d'Assat.
- La section Tourne devient section de commandement.

Avec l'arrivée du chef Georges Quillard (Jean), une cinquième section est créée le 7. Elle a pour mission de couper les lignes téléphoniques de toute la région autour de Nay.

Le 8 juin, deux soldats Allemands sont fait prisonniers à Sainte-Colome. Le 12, la section Knotte tend une embuscade à un convoi ennemi composé de 5 véhicules. Cinq allemands sont tués durant la fusillade et la section Knotte peut rompre le combat sans difficulté.

*Groupe de maquisards du C.F.P. de la brigade Miler.*

*Groupe du C.F.P. aux ordres du lieutenant colonel de Clerck.*

*Août 1944, maquisards du C.F.P. dans la région de Cahors.*

Ces diverses activités amènent les Allemands à réagir. Une vaste opération anti-guérilla est déclenchée dans la vallée du Gave de Pau en aval de Nay. Vernet donne l'ordre aux sections de se replier sur la région montagneuse de Capbis.

Les effectifs de la compagnie tombe le 16 juin à une cinquantaine d'hommes. L'armement comprend 4 fusils de guerre, une quinzaine de mitraillettes, quelques fusils de chasse et des grenades. C'est pauvre ! pas une seule mitrailleuse et pas un seul fusil mitrailleur.

C'est avec ces faibles moyens que la compagnie Vernet oppose une résistance héroïque à d'importantes troupes allemandes, le 19 juin à Capbis.

Dans son journal de guerre, le chef Gilbert Bonnassiolle écrit : «Au cours du combat, l'ennemi semble avoir subi des pertes assez lourdes. En effet, aux résultats des observations faites pendant l'engagement, on peut ajouter les témoignages suivants :

— Mr et Mme Lousteau affirment qu'en quittant leur ferme, les Allemands ont emporté deux des leurs, couchés sur des civières formées d'une échelle coupée en deux et des coussins de leurs propres voitures.

— Un soldat grièvement blessé aux reins fut chargé, à proximité de la ferme Labiste, sur le camion transportant des otages.

— Alors qu'on procédait à ce chargement, Mr Peyre vit, aligné sur le bord de la route une dizaine de brancards sur lesquels étaient étendus des corps.» (4)

Les Allemands reviennent en force à Capbis, le 21, pour retrouver d'autres corps de leurs camarades abandonnés sur le terrain. Ils procèdent à des perquisitions dans les fermes et à l'interrogatoire des villageois. Selon divers témoignages l'ensemble des pertes allemandes s'élèverait à une vingtaine de tués ou blessés.

La compagnie Vernet qui n'a eut que des blessés légers, peut s'installer sur les hauteurs du Pla d'Izou. (5)

*
**

Dans le Lot-et-Garonne, le bataillon Agen du C.F.P. commandé par Michel Ribourt se mobilise le 6 juin 1944 aux endroits suivants :
- La section de destruction à la Croix-Blanche au nord d'Agen.
- La compagnie Streiff au sud-est d'Agen.
- La compagnie Delarbre dans la région de Lectoure.

Le 13 juin, une véritable bataille se déroule à Astaffort entre des unités F.F.I., dont le bataillon Agen, et des troupes ennemies composées de Miliciens et d'Allemands.

A 14 h 30, des guérilleros espagnols tendent une embuscade à un important convoi de miliciens à la sortie d'Astaffort sur la N21. Malheureusement les maquisards ne se rendent pas compte qu'ils ont également devant

*Août 1944, groupe de maquisards du C.F.P. avant une opération.*

eux des otages : André Molinier est tué au cours de la fusillade.

Craignant le pire, le chef des miliciens envoie un des siens avertir la garnison allemande d'Agen.

Vers 16 heures, différents éléments du bataillon Agen viennent épauler les guérilleros. Les miliciens, totalement encerclés, sont sur le point d'être anéantis. Mais à 18 heures, une centaine de soldats allemands arrivent en renfort.

Une lutte acharnée s'ensuit entre les Allemands et les hommes du C.F.P. Voici ce qu'a écrit le colonel Biswang, commandant de l'une des compagnies du bataillon Agen : «Devant cette attaque soudaine, tout le dispositif allemand se déploie prestement en tirailleur, moitié à droite, moitié à gauche de la grande route, pour ratisser tout ce qu'il peut y voir de gens du maquis dans la campagne, non sans exécuter aussitôt avec un armement fort supérieur, une sévère risposte dans la direction du capitaine Béranger du C.F.P. Pendant quelques brèves minutes le résistant Jacquet voit encore celui-ci tenir tête, seul, à une quarantaine d'Allemands, se défendre farouchement presqu'à bout portant, puis s'écrouler lourdement.

«Alors, emportant cette vision tragique, Jacquet se détache à la dernière extrémité pour échapper à la capture et porter la nouvelle ; quittant le coin de la clôture où il est blotti, il parvient avec un rare bonheur à franchir sain et sauf à toute vitesse, sous les balles, la distance de près de 300 mètres, qui le sépare d'un boqueteau en arrière, où il peut enfin disparaître.

«Il n'est guère plus de 18 heures, lorsque mon bien-aimé fils, le sous-lieutenant d'active de cavalerie, Jean Biswang, «capitaine Béranger» au maquis, trouve ainsi à l'âge de 24 ans en cette fin de journée ensoleillée du 13 juin 1944, une mort glorieuse.» (6)

Malgré l'écrasante supériorité numérique de l'ennemi, les hommes du bataillon Agen parviennent à se replier.

Suite aux combats d'Astaffort, des avions allemands mitraillent la ville de Lectoure, le 15 juin 1944 à 6 heures. L'hôpital de la ville est principalement pris pour cible ! L'adjoint au maire proteste vivement devant cette acte de barbarie. Le chef de la Kommandantur le menace d'écraser Lectoure sous les bombes si de tels faits (ceux d'Astaffort sans doute) se reproduisent.

Le général Marcel Céroni affirment que «les pertes des miliciens et des Allemands ont été sérieuses à Astaffort.» (7)

Une fois de plus, une unité du Corps Franc Pommiès a porté des coups sévères à l'occupant.

*Août 1944, prisonnier allemand .*

*Soldats allemands tirant à la mitrailleuse.*

L'intervention massive et efficace des maquis du Sud-Ouest de la France est pleinement reconnue par l'Etat-major allemand du groupe d'armées G. Si pour la période du 6 au 23 juin 1944, les sabotages ont été l'œuvre des diverses organisations de la Résistance, l'action de guérilla a été le fait, pour l'essentiel, d'unités parfaitement organisées et correctement armées. Tel le Corps Franc Pommiès auquel on peut adjoindre les groupes de combat de Léon des Landes, le bataillon Armagnac et le Corps Franc de la Montagne Noire.

L'extrait du journal de marche du groupe d'armées G est révélateur.

«Le 8 juin 1944 : avec éléments restant de la 2e division blindée SS, mettre immédiatement sur pied un bataillon en mesure de combattre le maquis. Le bataillon sera mis le 10 juin à la disposition de l'E.M.P. (région militaire) 564 pour une action d'environ 24 heures en direction des Pyrénées...

«10 juin : situation des terroristes dans le sud de la France devient de plus en plus menaçante. Constitution de fortes bandes dans la région des Pyrénées : Foix, Tarbes, Pau, Auch. Communications par voie de terre Toulouse-Bordeaux, fortement menacées. Les faibles effectifs dont on dispose sont toujours sur la brèche. Demande d'envoi d'un régiment de sécurité.

«11 juin, pour 1ère armée : préparer retrait temporaire d'éléments de la 276e division d'infanterie du front de Pyrénées et leur remplacement par des groupes de combat pour pouvoir, en cas de nécessité, mener le combat contre les terroristes avec les éléments ainsi libérés. Etudier transfert d'éléments statiques 11e division blindée pour assurer l'ordre.

«12 juin : depuis le début de l'invasion, renforcemnt considérable de l'activité des bandes. Accroissement des actes de sabotage de 20 %. Recrudescence actes de terrorisme et attaques membres de la Werhmacht. Terroristes et mouvements de Résistance ont réalisé mobilisation dans certains départements et sont également passés à l'attaque d'éléments allemands...

«Dans bien des cas, la police française s'est révélée peu sûre et est passée ouvertement aux terroristes ou en cas d'attaque s'est montrée passive. Etant donné la faiblesse des effectifs et de l'armement, il ne faut tout de même pas s'attendre à d'importants succès dans ce domaine. Désarmement de la police encasernée et prise en main de la force publique paraît rationnelle, au moins dans les territoires suffisamment occupés par les troupes allemandes.

«L'évolution de la situation des terroristes exige un commandement unique et énergique dans le Sud-Ouest de la France, en particulier dans la zone du Golfe du Midi au Golfe de Gascogne, de part et d'autre de la vallée de la Garonne et du canal du Midi et dans la zone des Pyrénées. Cette liaison est vitale pour l'exercice du commandement du groupe d'armées G.

*Maquisards du C.F.P. de la compagnie Lavalou.*

«Ordre adressé à tous les subordonnés :
- La situation des terroristes se développant exige une activité accrue contre les bandes en formation ainsi qu'un commandement unique et vigoureux.
- Il importe avant tout de maîtriser la bande de terrain entre Méditerranée et Atlantique de part et d'autre de la Garonne et du canal du Midi ; d'empêcher toute action contre les communications à partir de la région nord de celle-ci et surtout la zone des Pyrénées.
- Le temps des actes isolés est révolu, il faut frapper maintenant toutes forces réunies.
- J'attends donc l'action la plus vigoureuse sans le moindre égard.

Voici les ordres à cet effet :

1e) Le commandement de la 189e division d'infanterie avec le 28e régiment de groupe, le 699e bataillon du génie et des éléments de l'E.M.P. 564, mèneront des actions offensives contre les bandes au sud de la route Bordeaux-Toulouse avec pour objectif d'assurer la sécurité du territoire entre cette route et la route Pau - Tarbes - Saint-Gaudens - Foix.

2e) Le 58e corps blindé avec les éléments restants de la 2e division blindée SS et des éléments de l'E.M.P.564 se trouvant sur la route Bordeaux-Agen-Montauban-Toulouse-Carcassonne. A cet effet, il faut donner d'autres éléments à la 2e DB SS. Par accord direct entre le 58e corps blindé et la 189e DI, le 38e bataillon de chasseurs est à relever immédiatement à Marmande par éléments de la 11e DB afin de libérer pour accomplir mission du paragraphe n°1.» (8)

Du 6 au 23 juin 1944, le Corps Franc Pommiès a procédé aux sabotages et destructions prévus. Il a mené avec succès de nombreux harcèlements, retardant considérablement les mouvements stratégiques de l'ennemi.

La crainte de l'embuscade a obligé l'occupant à prendre des mesures de sécurité avec d'importants moyens. Autant de troupes qui n'ont pas renforcé le front de Normandie.

Dans son excellent ouvrage consacré au Corps Franc Pommiès, le général Céroni fait remarquer que «dans la région du Sud-Ouest, pour la première fois depuis juin 1940, des unités militaires fançaises, en uniformes, ont attaqué à découvert la puissante Werhmacht omniprésente.» (9)

De telles opérations, inimaginables pour la majeure partie de la population, ont fortement contribué à renforcer les effectifs du C.F.P. qui passent au mois d'août 1944 de 9 000 à 12 000 hommes !

Le 23 juin 1944, le C.F.P., totalement réorganisé, s'articule en 6 brigades. Chaque combattant du C.F.P. est désormais détenteur d'une arme, chaque section est dotée d'une mitrailleuse, parfois d'un canon antichars et même d'un mortier de 50 mm pour quelques unes.

A partir du 1er juillet 1944, le lieutenant-colonel Pommiès dispose de la force armée suivante :

— Brigade Bénony en Béarn : 2 bataillons.
— Brigade de Clerck en Bigorre : 2 bataillons.
— Brigade Milleret (Carnot) aux confins des Landes et du Gers : 5 compagnies et des éléments de protection.
— Brigade Le Magny en Armagnac : 3 bataillons définitivement formés au mois d'août 1944.
— Brigade de Cramaussel en Quercy : 2 bataillons.

Pour lutter contre une force aussi importante, les Allemands constituent des détachements mixtes composés d'infanterie, de blindés et d'artillerie, d'un effectif allant de 800 à 1 200 hommes.

*
**

Dans le Pays Basque, la compagnie Lavalou du bataillon de Carrère surveille depuis plusieurs semaines la garnison allemande de Mauléon. Le 9 août, le chef Lavalou apprend par ses agents de renseignements que l'ennemi quittera la ville le lendemain. Aussitôt, la section Bercut reçoit l'ordre de se mettre en embuscade sur la D11 entre Mauléon et Viodos,

*Des Gebirgsjäger (chasseurs de montagne) exécutent un tir au mortier de 50mm contre les résistants. Le 205ᵉ bataillon de Gebirgsjäger du commandant Boelssow est engagé le 3 juillet 1944 contre le Corps Franc Pommiès à Portet.*

après le pont routier enjambant la voie ferrée non loin de la gare. Le restant des éléments se tiendra à proximité de la ville prêt à intervenir.

Le 10 au matin, tout le monde est en place. Lavalou se rend à Pau où le lieutenant-colonel de Rougemont se trouve depuis quelques jours, afin de lui envoyer des renforts.

A 13 heures, les Allemands quittent Mauléon à bord de leurs trois camions. A peine ont-ils dépassé le pont routier que le résistant Bercut ouvre le feu sur eux avec une mitrailleuse. L'ennemi riposte en poursuivant sa route mais il est bientôt obligé de s'arrêter, ses véhicules étant mis hors d'usage. A pied, il va alors essayer de retourner à Mauléon en se défilant.

Tout à coup l'ennemi est attaqué à la grenade. Pour se mettre à l'abri, il n'a d'autre ressource que de se jeter dans la seule habitation existant dans les parages, le château Etchebart, occupé par des réfugiés de l'est de la France.

Au cours de cette première action, le C.F.P. a fait deux prisonniers dont un blessé qui est dirigé sur l'hôpital de la ville.

Vers 15 heures, Lavalou est de retour à Mauléon sans avoir pu obtenir les renforts souhaités. Informé des événements, il prend en main la conduite des opérations. Pendant que la section Bercut fixe les Allemands réfugiés dans le château, il regroupe le reste de ses hommes et, à la nuit tombée, encercle la demeure. La nuit s'écoule sans incident, seulement ponctuée de quelques coups de feu.

Le lendemain, Lavalou décide d'en finir. A 9 heures 30, il envoie le prisonnier porter un ultimatum aux Allemands leur ordonnant de mettre bas les armes. Ils répondent qu'ils ne se soumettront qu'à des militaires de l'armée régulière. C'est donc à l'un des chefs de sections de la compagnie, l'adjudant-chef de gendarmerie Duplan, entouré de cinq gendarmes en tenue, que l'ennemi, 46 hommes au total, se rend à 11 heures.

Une explosion de joie traverse tout Mauléon, on félicite particulièrement Lavalou et son adjoint Bercut. Les prisonniers allemands sont emmenés dans une bergerie en montagne.

*
**

Le 23 juin 1944, le colonel Jean de Milleret, plus connu sous le nom de Carnot, commande une brigade forte de 500 hommes. L'ensemble est cantonné dans la région de Portet, au sud d'Aire-sur-l'Adour. Devant l'importance des éléments présents à Portet, le chef de Rougemont conseille à Milleret de quitter rapidement ce secteur en raison du danger que représente un tel attroupement. En effet, depuis le 6 juin, les troupes allemandes encasernées à Pau et Mont-de-Marsan sont particulièrement agressives.

Milleret donne l'ordre le 2 juillet de disperser la troupe dans la nature. Le mouvement doit s'effectuer le 3 au matin et les véhicules sont rassemblés. Malheureusement ces dispositions vont se révéler bien tardives.

Dans la nuit du 2 au 3 juillet, une importante colonne allemande encercle le village de Portet. Elle est forte de plus de 1 000 hommes et est dotée de mitrailleuses lourdes, de mortiers, de canons de 37 mm et de 20 mm à tir rapide ainsi que de quelques auto-mitrailleuses. Elle comprend notamment une unité d'élite : le 205$^{e}$ bataillon de Gebirgsjäger (chasseurs de montagne), commandé par le commandant Boelssow. (10)

A 6 h 30, l'ennemi déclenche un violent tir d'artillerie et bouscule les avants postes des maquisards. Ces derniers se font massacrer sur place plutôt que reculer. A 8 h 30, les premiers soldats allemands pénètrent dans Portet et incendient les maisons. Quelques éléments de la brigade Carnot parviennent à rompre l'étau et peuvent se regrouper avec leur chef à Viella.

Beaucoup d'hommes, dont la plupart appartient à la compagnie Malvaux, sont faits prisonniers, 43 d'entre eux seront fusillés au champ de tir de Pont-Long le 6 juillet 1944. Le combat de Portet est une tragédie pour le C.F.P. : 62 morts, une dizaine de blessés et une importante perte de matériels.

Après cette terrible journée, le moral baisse, mais le colonel de Milleret (Carnot) reprend en main les unités avec énergie et réorganise ses compagnies grâce à des parachutages. Lorsque le 26 juillet 1944, les Allemands attaquent Viella, la brigade Carnot, mieux répartie, parvient à se dégager sans difficulté.

Pendant tout le mois de juillet 1944, l'occupant allemand tente d'anéantir le Corps Franc Pommiès. Pour arriver à ses fins, l'ennemi lance une vingtaine d'opérations anti-guérilla. L'aviation, les blindés et l'artillerie sont parfois utilisés contre les maquisards du C.F.P.

C'est dans un des plus jolis coins des Pyrénées, au cirque de Payolle, que 1 300 soldats allemands attaquent, le 17 juillet, 80 maquisards placés sous le commandement du capitaine Bernard. Dès l'aube, les guetteurs du groupe Bernard voient arriver l'ennemi de toutes parts, conduit par des traîtres. La poignée de braves résiste jusqu'à l'épuisement total des munitions. Malgré son écrasante supériorité numérique, malgré le terrain et l'effet de surprise l'occupant allemand perd 57 hommes dans cette opération, tandis que 11 maquisards sacrifient leur vie pour la cause de la France.

Durant la même période, 1 500 SS déclenchent une action répressive contre Bagnères. Une véritable folie furieuse gagne les Allemands qui massacrent 56 personnes, dont des femmes et des enfants.

Marsoulas était un paisible village de 105 habitants. Au début du mois de juillet, 1 200 SS font irruption dans les maisons et saccagent tout sur leur passage. 28 personnes sont sauvagement assassinées dont 14 enfants !

*Véhicules du C.F.P. appartenant au groupement Ouest.*

*Maquisards du C.F.P. dans le Sud-Ouest.*

*Sabotage de l'usine Hispano de Soues.*

Le 20 août, la fusillade crépite autour du petit village de Lhez, près de la route Tarbes-Toulouse, puis se rapproche. Une trentaine de SS se détachent d'un convoi talonné par les maquisards, et pénètrent dans les fermes. Deux d'entre elles sont particulièrement saccagées par les nazis. Ils mitraillent un enfant malade et blessent aux jambes un jeune médecin parisien. Gisant à terre, ce dernier assiste à des scènes atroces : les SS mettent le feu aux deux fermes à l'aide de grenades et massacrent Mme Lancelot (60 ans), sa fille Honorine (20 ans) et une jeune bonne de l'Assistance âgée de 11 ans. Ils laissent les corps dans les flammes et jettent dans celles-ci un bébé de deux mois. Puis, les horribles forfaits accomplis, les bourreaux rejoignent leur colonne.

Du 23 juin au 14 août 1944, le Corps Franc Pommiès a connu des semaines très dures. Pourchassé par un ennemi implacable, il a non seulement réussi à survivre les armes à la main, mais il a en maintes occasions porté des coups.

En effet, les opérations de sabotages et de destructions des voies ferrées, des lignes à haute tension et des télécommunications ont été poursuivies. Ces actions ont considérablement gêné les déplacements de l'adversaire et ont contribué à la psychose de l'insécurité. De même, le maintien de maquis armés et la mise en place d'embuscades ont fait peser sur les unités allemandes une menace permanente.

Le général Céroni fait remarquer que «dans cette phase de lutte, où l'ennemi est encore puissant, la possession ou la conservation d'une position n'a aucune importance. Seuls la sauvegarde du maquis et de ses armes doivent avoir priorité afin de pouvoir continuer à porter des coups à l'adversaire. En effet, l'ennemi a tout intérêt à rechercher l'affrontement car il rassemble des moyens toujours supérieurs à ceux des maquis. Ce serait donc faire son jeu que de rechercher une telle confrontation. Mais s'il est impossible d'éviter le combat, il faut alors rassembler ses forces et lutter jusqu'à la mort car il n'y a aucune clémence à attendre de la part de l'adversaire.» (11)

Dans cette phase de survie, de lutte et de reconstitutions des unités, le C.F.P. a fait preuve d'une étonnante bravoure.

Des extraits du journal de marche du Groupe d'Armées G (1ère et 19e armées allemandes) prouvent l'efficacité de l'action menée par les unités militaires de la Résistance : «29 juin 1944 : ordre de retrait de la 189e division d'infanterie opérant contre les terroristes région de Toulouse, serait une catastrophe.

«11 juillet : activité renforcée des terroristes. Nombres d'agressions de membres de la Werhmacht et actes de sabotage augmentent de jour en jour.

«29 juillet : la situation de la zone arrière du groupe d'armées G est telle qu'on ne peut plus parler de souveraineté du territoire. Retrait constant de troupes de la zone de Groupe d'Armées entraîne sévère menace sur isthme Atlantique-Méditerranées.

«7 août : en gros le terme «Mouvement de terroristes» n'est plus valable. Il s'agit plutôt maintenant d'une armée organisée qui se tient sur les arrières du Groupe d'Armées G. En cas de dégradation de la situation, on peut s'attendre à un soulèvement populaire qui montrera non pas un peuple français fatigué mais des gens d'un tempérament enflammé.

«14 août : situation intérieure caractérisée par poussée des mouvements de Résistance sur les principaux axes de communications. Attaques sur organismes isolés dont situation devient intenable et qui permettent aux mouvements de Résistance de prendre à leur coupe des territoires libérés.» (12)

(1) D'après les témoignages de Philippe Lauzier et Guy Rigaudie.
(2) Témoignage recueilli auprès d'un cultivateur.
(3) Général Marcel Céroni : le Corps Franc Pommiès. Tome II. Montauban 1984.
(4) Gilbert Bonnassiolle : journal de guerre de la compagnie Vernet 1943-1944.
(5) Gilbert Bonnassiolle : journal de guerre de la compagnie Vernet 1943-1944.
(6) Colonel Biswang : plaquette dédiée à mon fils.
(7) Général Marcel Céroni : le Corps Franc Pommiès. Tome II. Montauban 1984.
(8) Extraits du journal de marche du Groupe d'Armées G. Service Historique de l'Armée de Terre.
(9) Général Marcel Céroni : le Corps Franc Pommiès. Tome II. Montauban 1984.
(10) Sources de Monsieur Pierre Péré : Comité d'Histoire de la 2e Guerre Mondiale.
(11) Général Marcel Céroni : le Corps Franc Pommiès. Tome II. Montauban 1984.
(12) Extraits du journal de marche du Groupe d'Armées G. Service Historique de l'Armée de Terre.

*Août 1944, la libération de Tarbes (de gauche à droite) : Mr Segaud, préfet des Hautes-Pyrénées ; le colonel américain Fuller ; le lieutenant colonel Pommiès.*

*Tarbes fête le 24 août sa libération.*

*Tarbes, 24 août 1944, le commandant Pottier défile en tête des troupes du C.F.P.*

*Défilé à Tarbes du C.F.P.*

*Défilé du C.F.P. à Tarbes.*

*Quelques uns des 2151 soldats allemands capturés par le C.F.P., du 6 juin au 31 août 1944.*

*Septembre 1944, le C.F.P. en route vers Autun.*

*Gebirgsjäger armé d'un pistolet-mitrailleur MP 38, arme bien supérieure à la Sten des Résistants.*

*Fantassin du Corps Franc Pommiès armé d'un Pistolet mitrailleur Sten.*

*Hiver 1944/45, observation des positions ennemies sur une crête du front des Vosges.*

*Blessé du C.F.P. L'ensemble de l'unité aura 575 tués, 3 000 blessés et 156 disparus ou déportés.*

*Mitrailleur du C.F.P.*

# CHAPITRE IV

## DES PYRENEES A BERLIN

Depuis le 6 juin 1944, dans dix départements du Sud-Ouest, le Corps Franc Pommiès n'a pas cessé de harceler l'occupant allemand : exécutant ses agents, détruisant ses moyens de transport et de production, tendant des embuscades.

Le 15 août 1944, la phase de la guérilla se termine, celle de la Libération commence. Conformément aux instructions du général Koenig, le C.F.P. mobilise tous ses effectifs et passe à l'offensive.

Des garnisons allemandes essaient de se dégager et de gagner Toulouse, d'autres tentent de fuir en Espagne. Ce sont alors les combats de la libération du Sud-Ouest menés par les maquis du C.F.P. et les autres unités de la Résistance.

Sur les routes et les chemins, les arbres s'abattent ; autour des grandes villes, les ponts sautent ; les voies ferrées, les lignes de transport d'énergie, les télécommunications sont systématiquement coupées. En même temps, la Milice est durement attaquée, elle s'effondre à Pau et capitule à Tarbes.

le 17 août, la garnison allemande de Cahors se dirige vers Montauban. Le Corps Franc Dumas de l'A.S. et le groupe F.T.P. Tom lui barrent la route. Le 19, les Allemands passent à l'attaque et mettent en péril le dispositif des F.F.I. C'est alors qu'intervient le bataillon Wursteisen-Turban du C.F.P. qui rétablit la situation : 150 soldats allemands sont faits prisonniers, Montauban est libérée.

Le département du Tarn se libère seul, sans aide extérieure. Le 19 août, les groupes F.F.I. Martin et Audibert attaquent le train transportant la garnison allemande de Mazamet (56 hommes) qui cherche à rejoindre Castres. Après un violent combat près de Labruguière, à quelques km de Mazamet, les Allemands se rendent le lendemain. Un important matériel est récupéré dont six canons à tir rapide.

A Castres, la garnison allemande aux ordres du colonel Macht est totalement encerclée par les troupes F.F.I. du colonel Redon. Le 19 août dans l'après-midi, un ultimatum est adressé au colonel Macht et, dans la nuit, un projet de capitulation est signé. Les F.F.I. font au total 4 000 prisonniers !

Du 19 au 21 août, les brigades Céroni, Miler et Le Magny du C.F.P., en liaison avec le bataillon Armagnac, anéantissent les garnisons allemandes de Tarbes et d'Auch : 50 allemands sont tués ou blessés et 192 capturés dont le général Meyer et son Etat-Major. Du côté des résistants on compte 10 tués et 13 blessés.

En Béarn et en pays de Soule, les unités du C.F.P. passent également à l'offensive. Le 21 août, elles capturent à Bedous la garnison allemande d'Oloron qui tentait de passer en Espagne : 112 soldats allemands sont mis hors de combat. Au même moment, le commandant de Carrère s'empare à la tête de ses hommes du fort du Portalet.

En présence de ces succès, le commandement français confie au C.F.P., à la fois l'honneur de faire flotter de nouveau le drapeau tricolore sur la frontière d'Hendaye à Luchon, et la mission d'interdire tout passage en Espagne d'éléments de la Werhmacht, de membres de la Gestapo ou de la collaboration. 3 000 hommes occupent les vallées, les cols et les postes de montagne des Pyrénées.

En même temps commence l'exécution d'un plan conçu par le chef Pommiès visant à détruire les unités allemandes qui s'attardent sur la côte Landaise. 5 000 hommes sont mis progressivement en place ; certaines unités sont dirigées sur les passages de l'Adour qu'elles interdiront, pendant que d'autres pivotant autour d'Orthez doivent se rabattre par Mont-de-Marsan sur la région de Mimizan. Mais les renseignements signalent que l'ennemi, ne pouvant gagner l'Espagne, fuit tout à coup vers le Nord. C'est alors que la brigade Carnot reçoit l'ordre de marcher sur Bordeaux.

Le 21 août 1944, la brigade Carnot et des éléments F.F.I. de Léon des Landes prennent position près du pont de Bats, au sud-ouest de Mont-de-Marsan. Malgré la supériorité écrasante de l'ennemi (1 200 hommes et 105 véhicules), les Résistants s'accrochent au terrain pendant plus de 7 heures. Le capitaine Crohаré du C.F.P. est tué durant les combats.

Des cérémonies se déroulent à Dax, le 23 août, à l'occasion de la libération de la ville. Le Comité Départemental de Libération (C.D.L.), avec son président Lamarque-Cando, Léon des Landes et le colonel de Milleret décident de s'y rendre. Les routes n'étant pas sûres —des éléments allemands en retraite sont signalés dans certains secteurs— le bataillon Claverie assure la protection du déplacement.

La brigade Carnot est renforcée le 24 par le groupe F.F.I. Dargelas (63 hommes) qui a réussi à capturer 3 chars Renault R35.

Dans sa progression sur Bordeaux, le colonel de Milleret articule ses éléments en deux colonnes : la première doit rejoindre Belin-Beliet, la seconde progresse en direction de Saucats.

Au soir du 25 août 1944, la brigade Carnot arrive à Gradignan dans la banlieue de Bordeaux mais, conformément aux ordres reçus, ne pénètre pas dans la ville et s'installe en demi-cercle à Gradignan et Pessac.

*
**

Le bilan homologué de l'activité du Corps Franc Pommiès du 6 juin au 31 août 1944 est impressionnant : 267 opérations militaires dont 102 embuscades ; les pertes chez l'ennemi s'élèvent à des centaines de tués et 2 151 prisonniers. Mais celles du C.F.P., pour la même période, sont également très élevées : 387 tués et 156 déportés. (1)

A partir du mois de septembre 1944, le C.F.P. se scinde définitivement en deux. La brigade Carnot combat les Allemands retranchés à la pointe de Graves, tandis que le reste du C.F.P. fait mouvement sur le Morvan.

*Hiver 1944/45, transport d'un blessé du C.F.P. dans la neige.*

*Hiver 1944/45, progression dans la neige d'une section d'assaut du C.F.P. sur le front des Vosges. L'homme en tête de la colonne de droite est armé d'un pistolet mitrailleur MP 38 (9mm).*

*Voltigeurs du C.F.P. armés de fusils MAS 36 (7,5mm).*

*FM 24/29 et fusils MAS 36, armement de base du C.F.P. en 1944/45.*

*Voltigeurs du C.F.P. Remarquer à gauche l'insigne du C.F.P. porté au bras : l'étoile noire des Troupes d'Assaut (Corps Francs).*

*Les premiers soins donnés à un blessé. Remarquer les différents casques portés par le C.F.P. : casques français des troupes motorisées modèle 1936, casque français d'infanterie modèle 1926 et casque américain modèle 1941.*

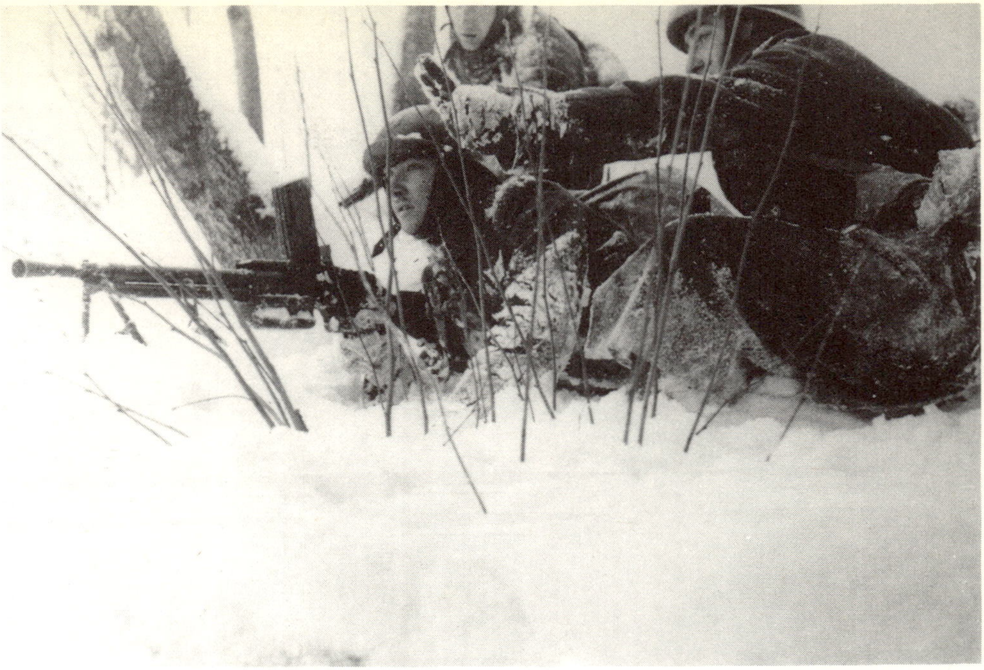

*Hiver 1944/45, fusil-mitrailleur 24/29 (7,5mm) d'un groupe d'éclaireurs du C.F.P.*

*Officier du C.F.P. armé d'un pistolet automatique Colt 1911 (11,43mm).*

*Jeeps du C.F.P. spécialement équipée pour rouler sur la neige.*

*FM 24/29 et PM Sten, armes d'infanterie de C.F.P.*

Le 7 septembre 1944, deux bataillons du C.F.P. prennent la route sur des véhicules réquisitionnés, utilisant tous les carburants de l'époque : essence, gas-oil, charbon de bois, gaz. Sept autre bataillons sont acheminés par chemin de fer. La mission du C.F.P., est de barrer à Autun la retraite des troupes allemandes. La brigade allemande du colonel Bauer, forte de 5 000 hommes, reflue du Sud-Ouest et tente de gagner la ville. Pommiès engage ses neufs bataillons (4 800 hommes), que renforce la colonne F.F.I. Auvergne. De furieux combats sont livrés jusqu'au corps à corps autour des carrefours de la Fontaine-la-Mère, des Quatre-Vents, du Mousseau, de la Guinguette et de La Folie. L'ennemi dispose d'un armement lourd et d'hommes parfaitement entraînés, mais en face des Pyrénéens, il ne gagne que 16 km en quarante heures. Le 10 septembre, le C.F.P., renforcé par un régiment de marche de la Légion Etrangère et un groupe d'artillerie lourde de 155, obtient la capitulation de 3 500 Allemands. (2)

L'action du C.F.P. trouvera sa récompense dans cette citation du général de Lattre, le 22 novembre 1944 : «Il a provoqué, après de durs combats, en liaison avec l'Armée d'Afrique, la capitulation d'une troupe de 3 500 Allemands dont plus de 850 ont été faits prisonniers par les seules unités du Corps Franc, brigade très manœuvrière et ardente qui incarne l'esprit offensif des troupes du Sud-Ouest.» (3)

Le 23 septembre 1944, le général Touzet du Vigier, commandant de la 1ère division blindée, accueille le C.F.P. Les Pyrénéens sont attendus, car les tankistes manquent d'infanterie d'accompagnement.

Les opérations dans les vallées de l'Ognon et de la Moselle, avec pour objectif la ville de Thillot, dans les Vosges, inaugurent la carrière du C.F.P. comme unité régulière de la 1ère Armée Française. Pendant un mois, le C.F.P. se bat sur un terrain difficile à plus de 1 000 mètres d'altitude.

Le 10 novembre, le Corps Franc Pommiès est engagé en liaison avec la 1ère division française libre du général Diego Brosset qui lui confie la défense du mont des Brocheux. Les Pyrénéens doivent apprendre à se battre dans la neige, à affronter le froid et à assurer leur survie en maintenant les armes en état de tir. Cette période, qui s'étend jusqu'au 20 novembre, est marquée par l'attaque allemande sur Fresse, repoussée par le C.F.P., et le combat victorieux de Travexin.

Le 21 novembre 1944, le Corps Franc Pommiès est rattaché à la 3e division d'Infanterie algérienne (3e DIA). La division aux trois croissants tricolores est sous les ordres du général Guillaume. Le verrou Le Thillot-Château Lambert bloque depuis six semaines la progression française vers la haute Moselle et interdit la route des cols. Le C.F.P. attaque Le Thillot à l'aube du 22 novembre, mais les Allemands défendent solidement la position. Pendant quatre jours, les Pyrénéens combattent dans un immonde bourbier entretenu par une pluie diluvienne. Le C.F.P. remporte finalement la victoire le 26 ; il s'empare de la tête du Gehan et libère Fresse et la Hutte. Dans la nuit du 28 au 29, par une température avoisinant -15° et sur un sol recouvert d'une neige épaisse de trois mètres, le C.F.P. est la première unité française à rompre la défense allemande par la prise du sommet du petit Drumont (1200 mètres).

Cette percée du dispositif adverse sur la crête des Vosges permet le débordement du col de Bussang par le nord et le débouché sur la vallée de la Thur.

Le chef André Pommiès écrira dans ses mémoires de guerre : «Mon souvenir le plus émouvant de notre entrée en Alsace se place au Drumont. Nous nous étions battus par un temps épouvantable. Je me souviens d'un servant de mitrailleuse, tombé trois fois, terrassé par le froid ; il refusait de se laisser évacuer. Les hommes étaient hirsutes, crevés, transformés en «bloc de glace».

«Arrivé au Drumont, je vis alors ce spectacle très simple, mais que je ne pourrai oublier : des hommes , des méridionaux, des Basques, caressant de la main, sans parler, la borne qui marque l'entrée de l'Alsace.» (4)

Le C.F.P. libère Oderen et Fellering. Dépendant de la 10e division d'infanterie du général Billotte, il mène une guerre de position pendant deux mois dans le secteur de Kruth. Les rigueurs de l'hiver lui causent de lourdes pertes. Malgré tout, le 5 février 1945, par un raid audacieux de quatorze heures, passant par le Trehkopf, le C.F.P. franchit dans la neige la dernière route de la crête des Vosges.

Le 10 février 1945, le Corps Franc Pommiès devient le 49e régiment d'Infanterie. La nouvelle unité, forte de 3 200 hommes, comporte un état-major, une compagnie hors rang, trois bataillons d'assaut, une batterie antichar, une batterie d'artillerie et différents services.

Dès le 1er avril, le 49e RI pénètre en Allemagne. Par une ardente manœuvre de nuit, le régiment s'empare de la ville d'Eppingen, solidement défendu par des SS. A ce moment, le 49e RI est l'unité française la plus avancée à l'est.

Poursuivant sa progression malgré la résistance opiniâtre de l'ennemie, le 49e RI concrétise sa devise «En avant toujours» par la prise de Stebbach, Niedershofen, Haberschlacht, Zaberfeld, Elberbach, Brackenheim Botemheim, Meimsheim, pour aboutir à la conquête de haute lutte de Cleebronn.

Sur la ligne de l'Enz, les Pyrénéens de Pommiès occupent un front de 25 km, où ils fixent 10 000 soldats allemands pendant que se déroulent, au nord, la bataille d'Heilbronn et, au sud, celle de Pforzheim.

Le 19 avril 1945, le 49e RI reprend l'offensive et enlève Nussdorf. «Après une poursuite nocturne de 15 km digne des chevauchées de l'Empire, il casse la résistance adverse à Ditzingen, dont il capture toute la garnison, et entre dans Stuttgart le 21 avril au soir.» (5)

*Tombes du C.F.P.*

La guerre se termine pour le 49e régiment d'infanterie. Le temps des honneurs arrivent : le général Guillaume l'assigne comme seule unité de garnison à Stuttgart. Lors du défilé de la victoire des Alliés, le 7 septembre 1945, à Berlin, le 49e RI représente l'armée française ! Puis suprême récompense, le 49e RI sera le premier régiment français à tenir garnison dans l'ancienne capitale du IIIe Reich.

Le Corps Franc Pommiès est certainement l'unité la plus prestigieuse de la résistance dans le Sud-Ouest. Elle a mobilisé 12 000 hommes dont 575 ont été tués, 3 000 blessés et 156 déportés soit 3731 hommes hors de combat sur 12 000 !

L'étonnante histoire du C.F.P. peut se résumer en quelques mots : «Des Pyrénées à Berlin».

(1) - Denis Labau : Corps Franc Pommiès. Section Béarn et Soule. Congrès National. Pau 1984.
- Service Historique de l'Armée de Terre.
(2) Congrès national du C.F.P. Toulouse 1985.
(3) Charles Meyer : Le Corps Franc Pommiès continue le combat. Journal de France n°81. Paris 1972.
(4) Commandant Chambert : Liberté. Historique du C.F.P. Paris 1947.
(5) Revue Troupes d'Elite n°82. Paris 1987

*Allemagne, avril 1945, officier allemand capturé par des combattants du C.F.P.*

*21 avril 1945, le C.F.P. à Stuttgart en Allemagne.*

*Allemagne 1945, le lieutenant-colonel Pommiès passe en revue les officiers du C.F.P.-49e RI.*

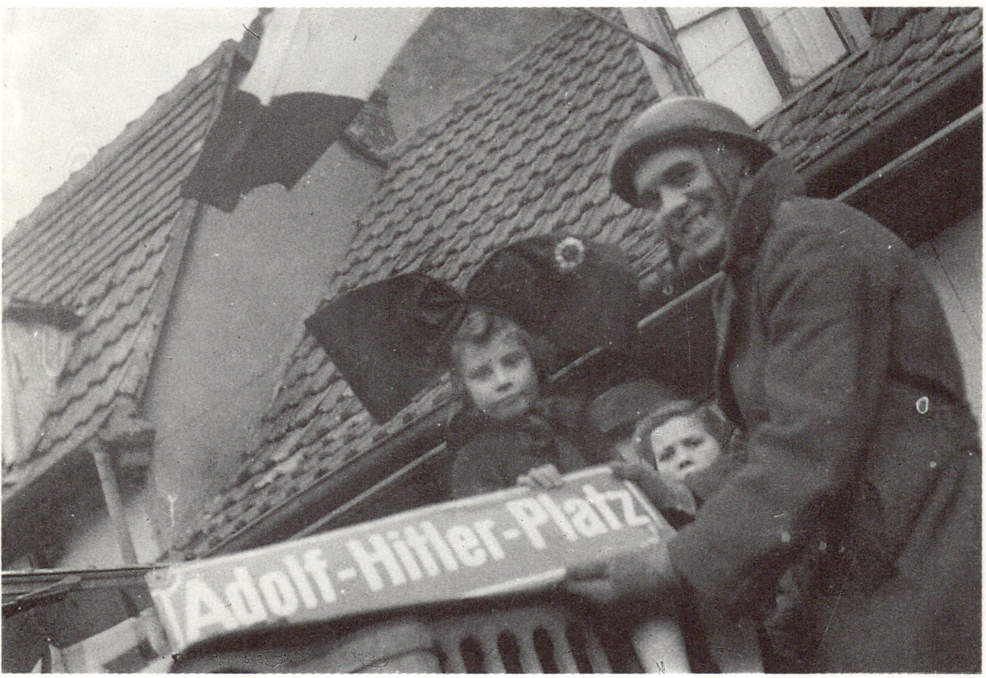


*Soldat du C.F.P. en Alsace.*

*Hiver 1944/45, le général de Monsabert passe en revue le C.F.P.*

*Allemagne, mai 1945, le lieutenant-colonel Pommiès embrasse le drapeau du C.F.P.-49e RI.*

*Avril 1945, des soldats allemands se rendent au C.F.P.*

*Allemagne 1945, soldat du C.F.P. en compagnie d'un soldat américain.*

*Hiver 1944/45, un Pyrénéen du C.F.P. en compagnie d'une charmante Alsacienne.*

*Défilé de la victoire à Berlin en 1945 : le C.F.P. (49^e^ RI) à l'honneur de représenter l'armée française.*

*Défilé de la victoire à Paris en 1945 : le lieutenant-colonel Pommiès est en tête du défilé (1er à droite).*

# TROISIEME PARTIE

# TRAGEDIE ET HEROISME EN PERIGORD

# CHAPITRE I

# L'OCCUPATION ET LA COLLABORATION

Au mois de juillet 1940, le département de la Dordogne est amputé à l'ouest par la ligne de démarcation, véritable frontière entre la zone libre et la zone occupée. La ligne pénètre en Dordogne par Mareuil-sur-Belle, suit la route de Ribérac pour sortir aux environs de Lamothe-Montravel.

Quarante-six communes des cantons de Montpon, Villefranche-de-Lonchat, Verteillac. Ribérac, Saint-Aulaye et Mareuil sont occupés dès 1940. On compte une centaine de soldats allemands par bourg, dont la plupart logent dans les écoles ou les habitations particulières.

Des barrages allemands permettant le franchissement de la ligne de démarcation sont installés à La Rochebeaucourt, près de Vanxains, à Montpon et enfin au centre de la commune de Villefranche-de-Lonchat.

Le préfet de la Dordogne, Maurice Labarthe, est remplacé au début de l'année 1943 par Jean Popineau, qui, animé d'une confiance totale en Pétain, est paradoxalement anti-allemand. Il conservera les fonctionnaires travaillant pour la Résistance, mais soutiendra également la Milice ! Il interviendra plus d'une fois auprès des autorités allemandes pour faire libérer des personnes arrêtées, mais encouragera les occupants à lutter contre les «terroristes» ! Popineau sera le type même du préfet de Vichy : patriote, pétainiste et anti-communiste, exécutant fidèlement les ordres de Laval et «témoin navré des excés des troupes allemandes». (1)

Le 11 novembre 1942 les troupes allemandes envahissent toute la Dordogne. La division SS Totenkopf installe son Etat-Major à Aurillac et la 158e division d'infanterie de la Werhmacht à Limoges. La Gestapo envoie ses agents à Périgueux. Paul Lapuyade, responsable local du P.P.F., devient le premier agent de renseignements des Allemands.

Dès le mois de mai 1943, la Milice départementale compte à Périgueux 442 membres, dont 65 sont armés et organisés en unités de combat. Mais son chef Tomasi, pétainiste et anti-allemand, adresse à Joseph Darnand sa démission le 18 décembre 1943 : «Tant à la Légion qu'au S.O.L. et à la Milice, j'ai toujours exercé les commandements qui m'étaient confiés en suivant la ligne strictement française...

«Votre récente prise de position ne correspond plus à l'idée que je m'étais faite de l'action milicienne...

«Je quitte donc la Milice française sans arrière-pensée, sans la moindre amertume, si ce n'est celle qui reste d'un grand espoir déçu...» (2)

Son départ est consécutif aux prises de position pro-allemandes de Darnand et aux nouvelles missions confiées à la Milice. Son successeur, Victor Denoix, a gagné la Légion d'honneur à Verdun en 1916. Commandant d'une casemate de la ligne Maginot en 1940, il n'a accepté de se rendre qu'à la Commission d'Armistice. Libéré après plus de deux ans de captivité , il prend la décision de gérer la propriété familiale à Estieux, mais son admiration inébranlable envers Pétain et son anti-comnunisme le poussent à se mettre au service de Vichy. Il accepte de prendre la direction de la Milice départementale pour lutter contre les «rouges», et être «un tampon entre les Allemands et les Français.»

Or la Milice périgourdine se montrera aussi impitoyable que les Allemands dans la lutte contre la Résistance.

Au mois de septembre 1943, la Werhmarcht du Périgord est renforcée par une unité de la légion géorgienne, l'Ost Bataillon 799, commandée par le capitaine Schmitt. Les soldats sont coiffés de la casquette des Gebirgsjäger (chasseurs de montagne) et portent sur l'uniforme allemand l'inscription «P.O.A.». Le bataillon comprend 800 Soviétiques recrutés dans les camps de prisonniers de guerre et 200 Allemands chargés de l'encadrement. Près de 300 Géorgiens vont déserter le 23 avril 1944 et rejoindre la Résistance. Devant cette véritable hécatombe, l'Ost Bataillone 799 est rapidement envoyé en camp disciplinaire à Sissonne.

Une brigade de mercenaires algériens, la Hilfspolizei, véritable auxiliaire de l'armée allemande, est formée à Paris au début de l'année 1944. La troupe est sélectionnée en une semaine. Le collaborateur Henri Lafont et le colonel SS Helmut Knochen nomment un chef militaire, Ouali, et un commissaire politique, Zoubib. Un camp d'entraînement est aménagé à Neuilly, dans les dépendances d'un hôtel particulier. Le chef Ouali, ancien adjudant dans l'armée française, instruit durement ses recrues : courses,tir, marches forcées, sports de combat, manoeuvres harassantes.

Zoubib harangue la troupe au rythme de deux discours par jour. Il exalte le National-Socialisme, présente l'Allemagne comme la plus sûre alliée du monde arabe, cloue au pilori l'impérialisme anglo-saxon et présente les résistants français comme des massacreurs de femmes et d'enfants.

Sur 300 Arabes présents au début, il n'en restera finalement plus que 180. Leur uniforme se compose d'un pantalon golf bleu marine, d'une canadienne Feldgrau et d'un béret. Lafont forme cinq sections de trente hommes chacune. La quatrième est sous les ordres d'Alex Villaplana, ancien footballeur international. Les officiers et sous-officiers portent l'uniforme allemand.

La brigade des «bicots», comme la surnommera la Résistance, pénètre dans le département de la Dordogne au mois de mars 1944. Elle va rapidement terroriser la population par ses nombreux excès. Le colonel allemand Sternkopf, commandant de l'Etat-Major de Périgueux, est obligé «de désapprouver sévèrement les actes commis par les membres de cette police auxiliaire.» (3)

Un membre éminent de la L.V.F. de Périgueux dénoncera également «les abus innombrables commis par les policiers auxiliaires nord-africains : tueurs professionnels et pilleurs.» (4)

*Soldats allemands lors d'une opération de contre-guérilla dans le Sud-Ouest.*

Dès 1942, le gouvernement de Vichy et les Allemands invitent les ouvriers français à aller travailler volontairement en Allemagne. Mais l'appel lancé à grand renfort de propagande ne donne pas les résultats espérés. Un service de Travail Obligatoire est alors institué le 16 février 1943. A la fin du mois de juillet, 3 500 ouvriers périgourdins sont déjà partis pour l'Allemagne. Mais on compte durant la même période près de 600 réfractaires. Les jeunes des classes 1920, 1921 et 1922 sont nombreux à désobéir à la loi malgré les mesures de rétorsion prévues : des amendes de 200 à 100 000 francs et des peines de prison allant de 3 mois à 5 ans. S'étant mis en situation illégale, les jeunes réfractaires vont rejoindre la Résistance ou disparaître dans la nature.

Le 4 juillet 1942, le gouvernement de Vichy a donné son accord pour la déportation des Juifs étrangers des deux zones. Pour faciliter l'organisation de cette opération, l'officier de la Gestapo chargé de cette question pour toute la France, Théo Dannecker, un Bavarois de Munich, «nazi frénétique qui entrait en transes dès qu'on prononçait le mot juif», décide de se rendre à Périgueux le 11 juillet. Accompagné du Français Scweblin, chef de la police aux questions juives, Dannecker déclare «débarrasser la Dordogne du poison juif.»

Guy Penaud estime «qu'à l'époque, cette attitude, était en partie, partagée par une proportion plus ou moins grande de la population.» (5)

Un an plus tard, le responsable de la Milice de la Dordogne signale dans un rapport «qu'une plaie manifeste a certes aggravé les maux du département : la pléthore de Juifs venus avec les réfugiés de Strasbourg qui avaient fait de la région la capitale de la juiverie...» (6)

En outre, le préfet de la Dordogne déclare en juillet 1942 que «les Juifs ont gangréné la population locale, pourtant si honnête». Il propose de procéder «à un nouveau recensement et instituer des laissez-passer spéciaux pour limiter leurs mouvements.»

Il est cependant établi que les quelques milliers de Juifs installés en Dordogne ont bénéficié de la passivité des autorités locales. Il y a en effet à cette époque un décalage très important entre les mesures décidées par les responsables départementaux de Vichy et leur applications sur le terrain. Sur 6 065 Juifs présents en Dordogne, il n'y aura pendant toute l'occupation que 179 déportés pour raisons «raciales». (7)

*

**

La propagande de Vichy entreprend au début de l'année 1942 une bruyante campagne d'intoxication. Philippe Henriot, partisan de l'Ordre Social Nouveau (mouvement fascisant), prononce un discours, le 31 mars 1942, au Théâtre municipal de Périgueux, devant des milliers de personnes. La place du Maréchal Pétain, également noire de monde, diffuse

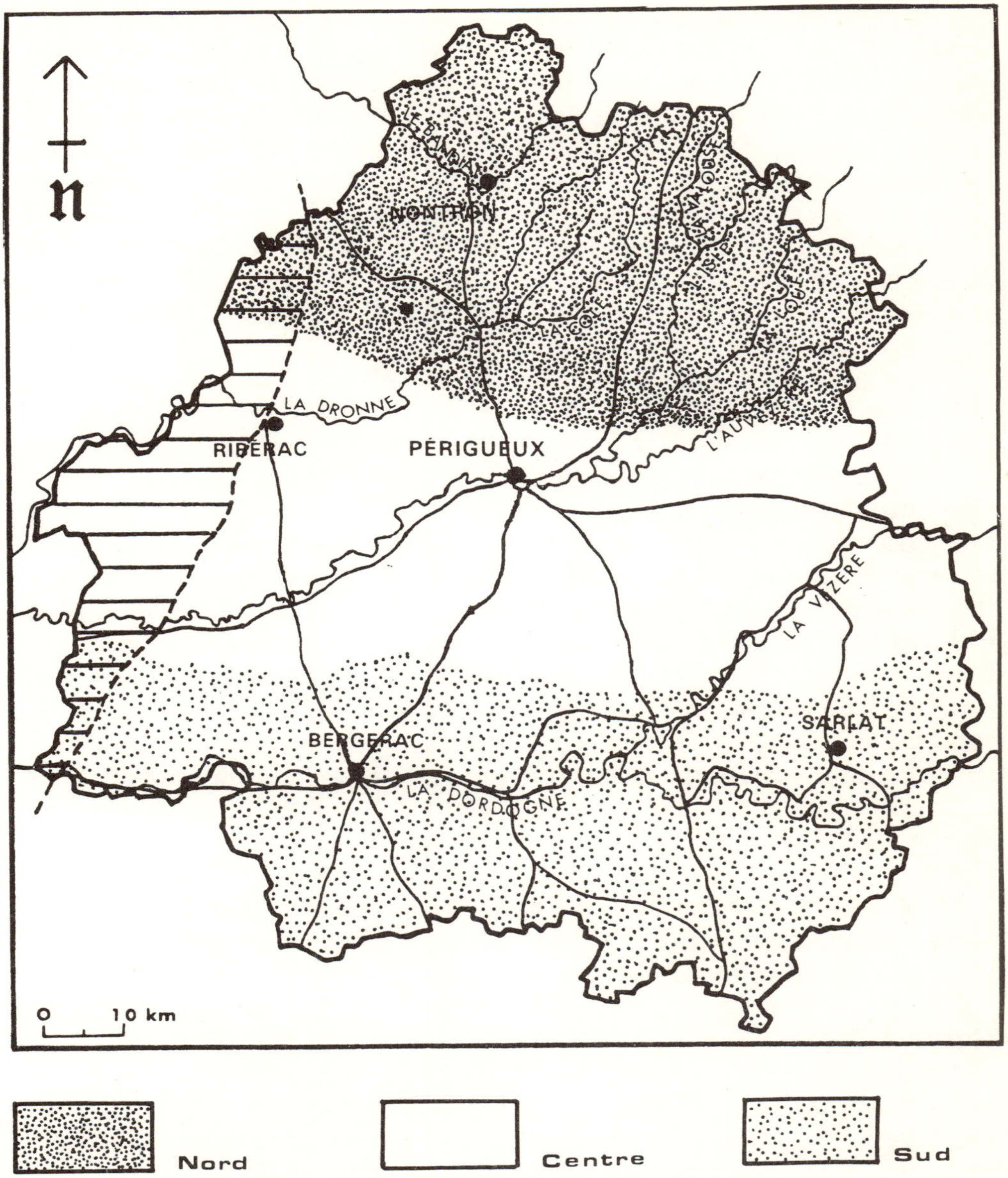


(CARTE GUY PENAUD)

- *Implantation de l'A.S.*

par haut-parleurs la voix de l'orateur.

Les comités de propagande bénéficient du soutien de nombreux maires, de curés, d'instituteurs, de notables... Les délégués de la Propagande Sociale du Maréchal se réunissent à Périgueux le 30 mars 1942 pour coordonner leur action. Paul Lapuyade, l'éternel collaborateur, est nommé responsable départemental de la Légion des Volontaires Français contre le bolchevisme. Laval qui annonce, quelque mois plus tard, la transformation de la L.V.F en Légion Tricolore, fait parvenir aux préfets la lettre suivante : «Vous voudrez bien aider les bureaux de recrutement de la Légion Tricolore en facilitant leur installation matérielle et leur propagande. Vous encouragerez les fonctionnaires civils qui manifesteraient le désir de s'engager comme volontaires.» (8)

Les résultats de la propagande seront relativement modestes, les candidats ne se bousculant pas. On voit même en Dordogne les officiers et sous-officiers du 26e régiment d'infanterie de Périgueux s'opposer au départ des jeunes volontaires.

La collaboration entre dans une nouvelle phase au mois de juin 1942. C'est un discours de Laval qui ôtera les dernières illusions à ceux qui plaçaient encore leurs espoirs en un double jeu des membres de Vichy :

«J'ai la volonté de rétablir avec l'Allemagne et avec l'Italie des relations normales et confiantes.

«De cette guerre surgira inévitablement une nouvelle Europe. On parle souvent d'Europe. C'est un mot auquel en France on n'est pas encore très bien habitué. On aime son pays parce qu'on aime bien son village. Pour moi, Français, je voudrais que, demain, nous puissions aimer une Europe dans laquelle la France aura une place qui sera digne d'elle.

«Pour construire cette Europe. l'Allemagne est en train de livrer des combats gigantesques. Elle doit, avec d'autres, consentir d'immenses sacrifices et elle ne ménage pas le sang de sa jeunesse: pour jeter dans la bataille elle va la chercher à l'usine et aux champs. Je souhaite la victoire allemande, parce que, sans elle, le bolchEvisme demain s'installeraiT partout.» (9)

Le masque finit par tomber lorsque Pétain déclare à Laval, devant les chefs départementaux de la Légion : «Il n'y a plus de nuages entre nous... nous marchons la main dans la main.»

L'appareil répressif ne cesse de se renforcer, la Gendarmerie ne dépend plus du ministère de la Guerre, mais se trouve rattachée au ministère de l'Intérieur. La totalité de l'appareil policier est entre les mains de Laval et de son proche collaborateur, René Bousquet, secrétaire général pour la police au ministère de l'Intérieur. Le 7 juin 1942, la chasse aux Juifs se poursuit impitoyablement par le port obligatoire de l'étoile jaune.

A la fin de l'année 1942, Pétain confère à Laval le pouvoir de signer seul lois et décrets. Le mythe du maréchal s'effondre, avec les dernières illusions de la Révolution Nationale.

*Scène de l'occupation allemande.*

Il est bon de rappeler que c'est la Chambre des députés et le Sénat Français de la IIIe République qui, réuni, en Assemblée nationale le 10 juillet 1940, ont donné tous pouvoirs au maréchal Pétain, par 468 voix pour, 80 contre et 20 abstentions. Tel fut le fondement juridique du régime de Vichy. Cela permettra à ses partisans, de proclamer sa légitimité.

(1) Guy Penaud : Histoire de la Resistance en Périgord. Périgueux 1985.
(2) Jacques Delperrié de Bayac : Histoire de la Milice. Paris 1969.
(3) Lettres du 3 juin 1944. Etat-Major de liaison n°730. Archives Départementales de la Dordogne. Périgueux.
(4) Lettre du 18 juillet 1944 Archives Départementales de la Dordogne. Périgueux.
(5) Guy Penaud : Histoire de la Résistance en Périgord. Périgueux 1985.
(6) Archives Départementales de la Dordogne. Périgueux.
(7) Centre de Documentation Juive Contemporaine. Paris.
(8) Robert Aron : Histoire de Vichy. Paris 1954.
(9) Otto Abetz : Pétain et les Allemands. Paris 1948.

*Sabotage d'un train allemand en Dordogne.*

# CHAPITRE II

# RESISTANCE ET REPRESSION

Dès le mois de novembre 1940, un certain Gilbert Renault, mieux connu sous le nom de Rémy, est envoyé de Londres en Dordogne. Il rencontre les premiers résistants du départemnt, Paul Ambruster et Louis de la Bardonnie, spécialisés dans le renseignement. La Résistance ne prendra réellement corps qu'au mois de mai 1941, suite à des réunions clandestines tenues par les délégués du comité central du mouvement «Libération». Des chefs de sections sont alors désignés, dont Lucien Dubois (pseudonyme Victor) pour la région sarladaise. Le mouvement «Combat» nomme des responsables dans le département comme Charles Serre pour le secteur Nord.

Les liaisons radios sont établies avec Londres le 17 mars 1941 à Saint-Antoine-du-Breuilh, au château de Louis de la Bardonnie.

Suite à l'invasion de l'Union Soviétique (22 juin 1941), le parti communiste français change subitement d'attitude.Il s'était auparavant borné à critiquer le gouvernement de Vichy et à liquider les «traîtres», c'est-à-dire ceux qui avaient rompu avec le parti au moment de la signature du pacte germano-soviétique en 1939. Une réunion importante se déroule à Périgueux au mois d'août 1941 dans le but de créer des comités du Front National «pour la libération, la renaissance et l'indépendance de la France.» (1)

Des groupes de résistants communistes s'organisent militairement dès l'été 1941, notamment à Bergerac sous la direction de Connangle et à Mussidan sous celle de Bazillou. Les numéros clandestins du journal «L'Humanité» reflètent le changement d'attitude du P.C.F : «L'Allemagne nazie a déclenché contre l'Union Soviétique la guerre la plus infâme.» (2)

Guy Penaud affirme «qu'en Périgord, le P.C. n'a rejoint la Résistance active contre l'envahisseur qu'après l'entrée en guerre de l'Allemagne contre l'U.R.S.S... Mais très vite, les communistes sauront rattraper le temps perdu.» (3)

Le lieutenant-colonel Mollard, du service de contre-espionnage de Vichy, prend la décision de monter en zone sud des ateliers clandestins de fabrication de blindage. Ils doivent construire 45 tourelles de chars pour le compte du C.D.M. (Camouflage du matériel de l'armée). Mollard espère ainsi doter l'armée d'Armistice d'un matériel suffisant pour qu'elle puisse, lorsque se produira un débarquement allié sur les côtes de France, attaquer efficacement l'ennemi. Les fabrications de tourelles sont entreprises sous le faux nom des «Etablissements Dubourg et Cie», dont le siège social se trouve alors à Sarlat. Les ateliers de montage sont installés à Saint-Cyprien.

Les officiers responsables du C.D.M. en Dordogne parviennent à camoufler 65 000 armes individuelles, 10 000 armes collectives,55 canons de 75mm et 150 000 grenades. (4)

*La ligne de chemin de fer Périgueux-Limoges saute quotidiennement à partir du 6 juin 1944.*

En septembre 1942, les trois grands mouvements de la Résistance de la zone sud : «Combat», «Franc-Tireur» et «Libération» fondent leur formation para-militaire dans une nouvelle «Armée Secrète» (A.S.). En Dordogne, leur mise en place s'effectue d'octobre à novembre 1942, sous la responsabilité de Raymond Berggrn. L'Armée Secrète du département se divise en trois secteurs : Dordogne Sud, Dordogne Centre et Dordogne Nord.

Le secteur Dordogne Sud comprend une quinzaine de groupes, rassemblant chacun 50 hommes, sous la responsabilité de Bergeret.

Le secteur Dordogne Centre, moins structuré, est dirigé par André Boissière qui à sous ses ordres 3 groupes.

Le secteur Dordogne Nord, placé sous la direction de Charles Serre, peut aligner 13 groupes parfaitement organisés.

A la fin de l'année 1942, le nombre homologué des Résistants en Dordogne représente 2048 hommes : 76 officiers, 170 sous-officiers et 1802 combattants.(5)

*
**

Le premier attentat anti-allemand en Dordogne se produit le 9 octobre 1943. Deux bombes explosent contre l'immeuble de la Gestapo de Périgueux, rue de la Comédie. Quelques instants après, deux autres bombes causent d'importants dégâts rue Louis-Mie, devant le garage de l'Hôtel du Commerce occupé par l'Etat-major de liaison de la Werhmacht. L'émotion est intense chez l'occupant ; pour la première fois les Résistants ont osé s'attaquer à lui.

La répression ne se fait guère attendre. Le lendemain même, les troupes allemandes de Périgueux arrêtent 17 personnes soupçonnées d'être communistes. La plupart seront déportées en Allemagne. Un couvre-feu est établi à Périgueux de 20 heures à 6 heures du matin.

Le 23 octobre, l'adjudant-chef Joseph Munch de la Felgendarmarie de Bergerac part en mission à Sarlat à bord d'une voiture Citroën conduite par le caporal Rudolf Lenz. Vers 16 heures, sur la route de Cadouin à Lalinde, Munch aperçoit dans un fossé deux hommes. Il s'agit de deux résistants du groupe A.S. «Roland» : Robert Mathet et Robert Challon. La Citroën qui les avaient dépassés s'arrête brusquement et fait marche arrière. Munch en descend pour demander les papiers aux deux inconnus. Robert Challon qui en est dépourvu se sauve à toutes jambes, tandis que Robert Mathet sort un révolver et ouvre le feu sur l'Allemand qui s'écroule. Ainsi meurt le premier occupant sur le sol de la Dordogne. Le lendemain, les troupes allemandes de Périgueux et une compagnie de Géorgiens encerclent Cadouin. Toutes les maisons sont fouillées et pillées. Le père de Robert Mathet, Raymond Mathet, est arrêté par les Allemands et déporté à Buchenwald. A la nouvelle de l'arrestation de son père, son fils veut se constituer prisonnier mais sa mère l'en dissuade rapidement.

Le 9 novembre 1943, Périgueux est de nouveau l'objet d'un attentat. A 18 h 45, une terrible explosion endommage le bureau principal de la Feldgendarmarie, place du Palais. Les dégâts sont considérables et quatre blessés sont sortis des décombres. Quelques minutes plus tard, une seconde explosion se produit devant la porte même de la Feldgendarmerie, blessant un gardien de la paix et un allemand. Les auteurs de cette action spectaculaire appartiennent à la M.O.I. (Main d'Oeuvre Ouvrière Immigrée), organisation parallèle du Parti Communiste. Dès le lendemain la Gestapo organise une importante rafle parmi les Juifs de Périgueux, tandis que deux compagnies de l'Ost Bataillone 799 attaquent un détachement F.T.P. à Malaveix.

Au mois de décembre 1943, le comité régional des F.T.P. décide de rendre inutilisable l'une des plus puissantes grues de levage de France, en installation aux ateliers S.N.C.F. de Périgueux. Quatre hommes du détachement Gabrielli parviennent à déposer plusieurs charges, dont l'une sous le mécanisme de relevage. Les explosifs, insuffisamment puissants, ne peuvent qu'endommager la grue pendant deux semaines.

De 1942 à 1943, la Résistance du départemant accuse des pertes importantes : 66 internés et 160 déportés. Elle compte néanmoins à son actif près d'une centaine d'opérations anti-allemandes. Enfin, le 31 décembre 1943, la Résistance peut aligner en Dordogne 200 officiers, 396 sous-officiers et 5518 hommes du rang. (6)

*
**

Le mois de janvier 1944 est marqué par le sabotage des voies ferrées. La ligne de chemin de fer de Périgueux-Limoges saute quotidiennement sur un point ou un autre de son parcours. Le 12 janvier, un train de marchandises déraille entre Marsac et La Cave. L'O.R.A. attaque systématiquement la ligne Périgueux-Coutras. Le 25, les F.T.P détruisent 15 wagons à Mazerolle-Thiviers.

Les parachutages ne cessent de se multiplier. La C.O.P.A. (Coordination Opération Parachutages Atterrissages) tente de satisfaire de son mieux les demandes d'armes. La Dordogne va recevoir pendant toute la guerre près de 1 500 containers en 120 opérations. Le container type mesure 1,80 m de long et 40 cm de diamètre. Son poids total est d'environ 200 kg.

Chaque container est muni sur le côté de 4 poignées pour en faciliter le transport par une équipe de 4 hommes. Sur le container sont également fixés une pelle et une pioche qui permettent d'enterrer le cylindre,

*Résistant pendu par les SS.*

dans le cas où son transport se révèle immédiatement impossible.

Le container est formé par un groupe de 5 cellules égales, unies les unes aux autres par des fermoirs dans le genre de ceux des malles d'auto. Chaque cellule porte en outre des bretelles qui permettent son transport à dos d'homme. Le contenu des cellules comprend différents éléments : détonateurs, explosifs, mitraillettes Sten, chargeurs, pistolets, grenades, bombes incendiaires...(7)

La première attaque d'un convoi allemand en Dordogne se déroule le 14 février 1944 sur la N 710, entre Les Versannes et Niversac. Un groupe de F.T.P. du détachement Gardette attaque alors plusieurs véhicules allemands. L'un des résistants du groupe raconte : «A 19 h 30, j'étais sur le talus de la route. J'entends un ronflement de moteurs en direction des Versannes. Tout à coup, je vois le side-car en tête de la colonne allemande. Au même instant, le chef Coco commande le feu. Je serre ma mitraillette, je vise la tête du motard et je tire. Je le vois tomber en avant sur le guidon de sa moto. Celle-ci fait deux embardées, traverse la route et vient s'écraser dans le champ, en contrebas, avec ses deux occupants.» (8)

Le chef de la Gestapo de Périgueux, Michel Hambrecht est blessé au cours de l'accrochage. Le groupe de résistants décrochent rapidement pour rejoindre le camp de base, distant de 10 km. Lorsque tout le monde se retrouve sain et sauf, la fierté illumine tous les visages.

*
**

Le 16 février 1944, une colonne de 300 Allemands de la Ordnungspolizei SS (police SS de maintien de l'ordre) quitte Limoges et s'arrête à hauteur du village de Pissac, sur la route de Pompadour. Les SS vont alors attaquer le Maquis Raoul de l'A.S, fort de 51 hommes.

Le résistant Roger Delon raconte : «L'attaque ennemie commence vers 10 heures. Les deux gardes qui assurent la sécurité de leurs camarades sont surpris et tués les premiers. Le moulin est vite cerné. A cent mètres de l'objectif, les Allemands ouvrent le feu ; les maquisards, qui ne disposent pratiquement pas de munitions, ne peuvent résister bien longtemps.

«Vers midi, après avoir pilonné le moulin avec des mortiers, les Allemands lancent des grenades. Depuis longtemps déjà, des morts et des blessés gisent dans le moulin. C'est alors que l'un des jeunes résistants agite un mouchoir blanc à une fenêtre. Les assaillants investissent les lieux, traînent les blessés et donnent le coup de grâce à l'un deux. Déjà, à cet instant, on compte sept tués.

«Nous étions peut-être encore quarante ; nous restions les mains en l'air ; ils nous frappaient à coups de crosse de fusil... Nous avons reçu l'ordre de nous coucher la face contre terre, les mains croisées derrière la tête.

*Des maquisards préparent une embuscade.*

«A ce moment, ils ont tué le résistant Farou parce qu'il levait la tête. Ils ont tiré ensuite sur plusieurs autres parce qu'ils bougeaient. Nous étions persuadés qu'ils allaient nous tuer tous.

«Je suis resté sûrement une heure immobile, c'était affreux. Ils discutaient entre eux. A un moment, ils se sont mis à nous faire lever à coup de pied, et l'un d'eux nous demanda en français : «Où est le chef ?» Personne n'a parlé, malgré les coups.

«A ce moment, Jeantou s'est levé et a dit : «C'est moi le chef.»

«Ils l'ont emmené, et nous avons pensé que c'était pour le tuer. En réalité ils l'ont conduit du côté de Payzac, pour lui faire dire où étaient les vivres et les voitures.

«Enuite, ils ont fait lever la rangée du milieu, où je me trouvais, et nous ont compté : nous étions douze. Ils nous ont fait porter des caisses de cartouches jusqu'à la route de Pompadour où étaient leurs camions. Quand nous sommes arrivés là, j'ai entendu des coups, de feu et des cris : les Boches massacraient les deux rangées qui restaient.» (9)

Le bilan de cette journée est terrible : 34 tués, 2 blessés et 12 prisonniers. Le maquis Raoul a pratiquement cessé d'exister. Les prisonniers sont conduits à Limoges.

Malgré les coups sévères qui lui sont portés, la Résistance périgourdine intensifie la lutte : 369 actions sont à mettre à son crédit durant le seul mois de février 1944, dont 24 éliminations de collaborateurs. Le mois suivant, on compte 489 actions à l'actif des Maquis, dont 54 suppressions d'agents ennemis !

Berlin décide de renforcer les troupes allemandes en Périgord. Une division SS motorisée, commandée par le général Walter Brehmer, quitte la région parisienne et occupe la Dordogne le 26 mars 1944. La division SS Brehmer va semer la terreur dans tout le département.

Le jour même de son arrivée, l'unité SS massacre 4 civils à Ribérac. Le château des Farges, à Vanxains, est incendié. Deux personnes présentes sur les lieux sont abattues d'une balle dans la nuque.

Une importante rafle se produit à Mussidan. 252 hommes sont emmenés de force dans les prisons de la Caserne du 35$^{e}$ régiment d'artillerie à Périgueux. Ils vivent pendant trois jours dans la sciure, dévorés par la vermine qui y pullule et glacés par le froid du matin. Plus de la moitié seront envoyés en Allemagne.

Le 27 mars, la division Brehmer poursuit son opération de «nettoyage» dans le nord-ouest du département. A Champagnac-de-Belair, le résistant André Lamaud, membre actif de l'A.S. est pendu. A Villars, quatre paysans sont passés par les armes.

Au village de Saint-Crépin-de-Richemont 5 membres sur 7 de la famille Roby sont massacrés. Au lieu-dit «Les rivières-Basses», 25 personnes sont alignées sur un talus, près de la N89. Après avoir été dépouillés de leurs vêtements, ils tombent sous les balles de mitraillettes. Deux des fusillés ne sont pas morts et peuvent se cacher dans les bois.

Quatre Israélites arrêtés à Saint-Pancrace sont immédiatement fusillés. Une soixantaine d'habitants de Brantôme sont emmenés à Périgueux pour interrogatoire.

Face à une telle cruauté, les Résistants réagissent. Un camion allemand est attaqué sur la N89, à l'entrée de Terrasson. Les maquisards dissimulés dans les fossés de la route abattent cinq Allemands et peuvent ensuite retraiter sans danger.

Un violent engagement se déroule à Cantillac entre le groupe de maquisards Marius et la troupe allemande. Trois Français et dix Allemands sont tués.

Le 28 mars 1944, la division Brehmer progresse en direction de l'est du département. A Château-L'évêque, le secrétaire de mairie est obligé de remettre aux Allemands la liste des Juifs habitant la commune. Quatre personnes : Messieurs Enstein, Gardbert, Kronenberger et Linz sont fusillés sur la route de Brantôme. A Corgnac-sur-l'Isle, dans la soirée, trois Juifs sont abattus d'une balle dans la nuque. D'autres Juifs seront tués à Nantheuil.

Le lendemain, des maquisards du bataillon Violette (A.S.) tendent une

*Maquisards de l'O.R.A. en Dordogne.*

embuscade à une colonne allemande. L'accrochage a lieu sur la route de Sarrazac ; deux Allemands sont tués et leur véhicule est immobilisé.

Au Hameau de Dagnac-Haut, une quarantaine de SS incendient les fermes et fusillent quatre otages. Un autre groupe d'Allemands se rend au château de Rastignac et y met le feu. A Rouffignac et ses alentours une vingtaine de personnes sont passées par les armes, dont Alexandre de Bosredon, l'unique descendant d'une vieille famille de tradition bonapartiste.

Le 1er avril 1944, Hautefort, Nailhac, Milhac-d'Auberoche, Saint-Pierre-de-Chignac, Thenon et Sainte-Orse subissent la visite des troupes hitlériennes. A Badefols-d'Ans, le château du comte de Lestrade est gravement endommagé. Toute la famille est arrêtée ; le comte et son fils sont déportés à Buchenwald. Seul le fils survivra.

Le cauchemar se termine le 4 avril lorsque la division Brehmer arrive en Corrèze. Mais il reste encore en Dordogne la brigade nord-africaine, le III$^{e}$ bataillon SS de sécurité et le 799$^{e}$ bataillon d'infanterie géorgien, sans oublier la Milice.

A Thiviers, le 17 mai 1944, un détachement de miliciens tente d'encercler un groupe de maquisards des environs. Deux résistants sont capturés et finalement exécutés sur la place de la Gare. Le même jour à Corgnac-sur-l'Isle et Eyzerac, un violent accrochage avec un groupe F.T.P. cause

*Civils pris en otage par les Allemands.*

429.618

la mort de trois résistants. Parmi les forces de Vichy on relève plusieurs tués.

Guy Penaud fait remarquer que «la Milice a adopté, à partir du mois d'avril 1944, les mêmes méthodes que les nazis : pillages, vols, arrestations arbitraires ou interrogatoires musclés sont de règle, non seulement contre les maquisards, mais également contre les civils innocents.» (10)

De sont côté la Résistance lance des actions punitives contre des collaborateurs ou présumés tels. Georges Labarthe rapporte que «l'on exécute sur présomption. Et cela aussi bien d'un côté que de l'autre... Je vous laisse à penser la terreur des habitants. Après avoir reçu des coups d'un côté, voici qu'on en recevait de l'autre. Et qui nous dit que cela ne nous attirera pas de nouvelles représailles, puis des représailles et ainsi de suite...»

Une religieuse du couvent de Thiviers, Soeur Marie Philomène envoie des lettres anonymes à la Gestapo de Périgueux. Ouvertes, ces lettres dénoncent de «mauvais Français qui travaillent pour les Anglais, contre le maréchal.» Ces «mauvais» Français sont nommément désignés : Violette, Rac, Delahaye, Tilleul et d'autres résistants du département. L'A.S. parvient à découvrir l'identité de la dénonciatrice. Rac et Violette ne voudraient tout de même pas exécuter une bonne sœur. Ils décident de se rendre à Périgueux pour exposer l'affaire à Mgr Ruch, résistant lui-même. Le prélat reçoit les deux hommes en audience et écoute leur exposé. Violette nous raconte la suite : «Mgr Ruch, le visage glacial, nous dit : — C'est une femme qui trahit son pays. Si la Résistance veut vivre, elle doit se défendre. Je n'ai pas à vous dire ce que vous avez à faire, mais si elle est condamnée à mort, j'enverrai un prêtre pour la confesser et l'assister.

«Le lendemain, on fait savoir à Mgr Ruch que Sœur Philomène a été enlevée et condamnée à mort. On lui demande de bien envoyer le prêtre promis.

«Le chanoine Scharneberger, secrétaire de Mgr Ruch, arrive à Arlande conduit par Abel Delahaye. Accompagné de Violette, il voit Sœur Philomène dans la maison où elle est gardée. Il ne lui reste plus qu'à la confesser.

«Un peloton d'exécution est là, car il faut que les choses soient faites selon les règles. La lueur blafarde de l'aube apparaît ; la jeune fille demande à mourir à genoux et refuse le bandeau qu'on veut lui mettre sur les yeux.» (11)

Avant l'exécution, l'interrogatoire de la religieuse permet de connaître les causes réelles de son attitude : elle avait eu une liaison intime avec un aumônier du maquis. Or, celui-ci devait rompre avec elle pour les beaux yeux d'une infirmière. Sœur Philomène avait donc agi par jalousie !

Peu de temps après cette triste affaire, quatre maquisards enlèvent Mme Denoix, l'épouse du chef de la Milice du département. Celui-ci se trouvant alors en mission à Vichy, rentre en catastrophe et rameute ses troupes. Un communiqué de la préfecture est annoncé par tambour de ville : «Mme Denoix épouse du chef départemental de la Milice française, ayant été enlevée à son domicile, si cette personne n'est pas ramenée dans les plus brefs délais, de graves sanctions seront prises contre la population.»

Le 21 mars, quelques jours seulement après l'enlèvement, un agriculteur du village du Breuilh découvre le corps de Mme Denoix, «le visage tuméfié et la tempe gauche trouée de plusieurs balles.»

*
**

Au début du mois de juin 1944, le département de la Dordogne compte 23 957 Résistants, dont 17 810 pour l'Armée Secrète (A.S.), 3 656 pour les Francs Tireurs Partisans (F.T.P.) et 2 491 pour l'Organisation de Résistance de l'Armée (O.R.A.).

L'ensemble s'organise en une soixantaine de goupes de combat, d'un effectif allant de 30 à 4 000 hommes. Les nombreux parachutages et les opérations de camouflage ont permis de rassembler un armement non négligeable. Le secteur Dordogne-Sud de l'A.S. dispose en juin 1944 de 2 800 mitraillettes, 450 fusils de guerre, 4 000 fusils de chasse, 500 révolvers, 8 fusils antichars, 8 500 grenades, 15 mitrailleuses, 100 fusils mitrailleurs et plusieurs tonnes d'explosifs. (11)

*Résistants F.T.P. en Périgord Noir.*

Les F.F.I. (A.S., F.T.P. et O.R.A.) ont pour mission «d'aider par les armes le débarquement allié en France, en paralysant la réaction allemande par des sabotages et des coups de mains. Puis concourrir par une action insurrectionnelle au renversement du régime de Vichy et à l'installation du Gouvernement de la Libération en liaison avec les organismes d'action politique des mouvements de Résistance.» (12)

Le premier Etat-Major F.F.I. de la Dordogne est définitivement formé le 7 juin 1944 dans les environs de Périgueux. Gaucher, dit Martial, (A.S.) est confirmé dans son titre de chef départemental F.F.I. Dordogne. Sur 14 membres formant l'Etat-Major, 8 appartiennent à l'O.R.A., 4 à l'A.S. et 2 aux F.T.P.

La constitution de cet Etat-Major va poser certains problèmes. Les maquisards ne forment pas toujours des troupes disciplinées. Ils ont acquis un esprit d'indépendance et acceptent difficilement d'obéir à une nouvelle autorité. Les F.T.P. critiquent ouvertement la présence d'un si grand nombre d'officiers de l'O.R.A. au sein de l'Etat-Major. L'A.S. et l'O.R.A. poursuivent des buts purement militaires : chasser l'Allemand du sol national et renverser le gouvernement de Vichy qui est considéré comme un simple instrument de propagande au service de l'Allemagne.

Si les F.T.P. ont des objectifs identiques, leur encadrement dépend presque essentiellemnt du Parti Communiste. Le 21 juin 1944, Bergeret signale aux responsables F.F.I. «que de nombreux volontaires qui se sont engagés dans les F.T.P. sont écœurés de la propagande politique. Plusieurs ont demandé de passer à l'A.S.»

En vérité la Résistance française va compter dans ses rangs des hommes aux idées politiques diverses et parfois antagonistes. Les extrêmes se rejoindront pour lutter contre l'ennemi commun. Pierre Guillain de Bénouville passera de l'Action Française de Charles Maurras à la Résistance armée, Pierre Fourcaud de la Cagoule aux services spéciaux de la France Libre. Jacques Arthuys, l'un des fondateurs du parti fasciste français, le Faisceau, sera l'un des pionniers de la Résistance, organisateur de l'O.C.M. et trouvera la mort en déportation !

Guillain de Bénouville a évoqué dans un très beau livre de souvenirs l'état d'esprit qui était le sien au moment de rejoindre la Résistance : «Mon projet était simple. La radio de Vichy et la presse prétendaient qu'autour du général De Gaulle ne s'étaient rassemblés que des politiciens corrompus et des journalistes juifs. Comme, par ailleurs, les soldats de la France Libre n'avaient pas encore eu le temps de s'illustrer et qu'effectivement la radio de Londres citait souvent, comme ayant trouvé refuge outre-manche, un certain nombre de noms qui ne provoquaient pas l'enthousiasme des Français, cette campagne contre les émigrés ne manquait pas de remuer l'opinion publique.

«J'ai donc pensé que si nous arrivions à constituer un corps-franc spécial dans lequel entrerait le plus grand nombre possible de nos camara-

*Résistants du groupe Valmy à Brantôme.*

des d'avant guerre, et que nous demandions au général De Gaulle d'être engagés sans ménagement en corps constitué, nous donnerions sans rechigner à la radio de Londres des occasions de mêler nos noms à ceux des batailles de la France Libre, et ainsi nous lui fournirions des moyens supplémentaires de prouver aux Français que les soldats de la délivrance n'étaient pas des émules de Bela Khun et que la libération ne serait pas la Révolution rouge où des terroristes sans foyer dévasteraient le patrimoine national.

«Mon ami Michel de Camaret et moi-même avions, dans cet esprit, groupé des adhésions. Etaient venus se joindre à nous Humbert de Croy, Alain de Chavagnac, Roger de La Grandière, Albert Bénard, Armand de Tinguy du Pouët, et beaucoup d'autres porteurs de noms de notre terroir.» (13)

Sur ces sept noms, en comprenant Bénouville et Camaret, on comptera à la fin de la guerre deux officiers parachutistes tombés à l'ennemi (Humbert de Croy et Roger de La Grandière), quatre Compagnons de la Libération (Guillain de Bénouville, Michel de Camaret, Albert Bénard et Roger de La Grandière), un volontaire de l'Armée d'Afrique (Armand de Tinguy du Pouët), et un combattant F.F.I. (Alain de Chavagnac).

Dans le Sud-Ouest, Louis de La Bardonnie, le colonel de Luze, Jean d'Aligny, Jean-Louis du Temple de Rougemont, Jean de Milleret, Jean de Clerck, Henri de Carrère, et bien d'autres encore, seront d'authentiques Résistants.

A l'autre extrême de l'éventail politique, des militants communistes songent dès 1940 à combattre l'occupant. Il le font en opposition avec la politique de leur parti qui impose en cette année 1940 d'attaquer uniquement le gouvernement de Vichy. Joseph Pastor, membre du P.C.F. depuis 1930, organise l'action clandestine dès la fin de 1940. Auguste Havez rassemble des armes abandonnées par l'armée française en retraite pour reprendre un jour la lutte contre les Allemands. A Bordeaux, Charles Tillon rédige des tracts qui s'en prennent au «fascisme nazi». Armand Simonot, futur commandant d'un maquis F.T.P., cache dès le mois d'août 1940 de nombreuses armes. Georges Guingouin organise un embryon de maquis. Pour lui le danger vient aussi bien des gendarmes de Vichy que des soldats allemands.

La Résistance va rassembler dans un même élan patriotique des nobles, des bourgeois, des ouvriers et des paysans. Au mois de juin 1944, le Périgord a mobilisé l'ensemble de ses maquis pour chasser l'occupant. La libération commence !

(1) Auguste Le cœur : Le P.C.F. et la Résistance. Paris 1968.
(2) Charles Tillons : Les F.T.P. Paris 1968.
(3) Guy Penaud : La Résistance en Périgord. Périgueux 1985.
(4) Colonel A. de Dainville : l'O.R.A. Paris 1974.
(5) Général de La Barre de Nantheuil : Historique des unités combattantes de la Dordogne. Service Historique de l'Armée. Paris 1976.
(6) Idem.
(7) Dominique Venner : Les armes de la Résistance. Paris 1976.
(8) Roger Bellanger : La Dordogne en armes. Périgueux 1945.
(9) Archives Départementales de la Dordogne. Périgueux.
(10) Guy Penaud : La Résistance en Périgord. Périgueux 1985.
(11) Henri Amouroux : Le peuple réveillé. Paris 1979.
(12) Charles De Gaulle : Mémoires de guerre (3 tomes). Paris 1959.
(13) Guillain de Bénouville : Le sacrifice du matin. Paris 1946.

# CHAPITRE III

# LA LIBERATION DE LA DORDOGNE

Dès le 7 juin 1944, la Résistance déclenche l'insurrection dans tout le département de la Dordogne. L'action la plus spectaculaire de cette journée est la libération du camp de Mauzac où restaient incarcérés de nombreux détenus politiques. Le groupe Cerisier, mitraillettes au poing, prend d'assaut les postes de gardes. Seul le capitaine de gendarmerie Blanchet tente de résister, mais il est aussitôt ceinturé par l'adjudant Couzi. Le capitaine Chaussat prend le commandement du camp pour y interner les collaborateurs du Bergeracois.

Le matin du 8 juin, 15 blindés de la 273e division sont attaqués au pont du Fleix par les maquisards du groupe Loiseau. Les 120 combattants du maquis ont trois tués dans l'action mais détruisent quatre blindés. Le même jour, la 2e Panzer SS division «Das Reich» fait son entrée dans le Périgord. Cette unité d'élite, commandée par le général Heinz Lammerding, aligne 20 000 combattants, 7 blindés légers, 77 canons d'assaut automoteurs, 52 chars moyens et 97 chars lourds. Elle a reçu l'ordre de traverser le département pour rejoindre le front de Normandie. (1)

L'élément avancé de la division SS, le 1er bataillon du 4e Panzer Grenadier régiment, se heurte sur la D 704, devant Gorjelac, aux détachements F.F.I. Rémy et Victor. Après un duel opposant des armes automatiques allemandes à des vieux fusils Lebel, les maquisards se dispersent dans la nature. Le bataillon SS poursuit sa route en mitraillant sur son passage tout ce qui bouge. Aux hameaux des Bories et Sainte-Rome 13 civils sont froidement abattus.

Le 11 juin, un groupe F.T.P. de 150 hommes décide d'occuper Mussidan. D'après les renseignements, il n'y a dans cette ville qu'une quinzaine d'Allemands. Le rapport officiel qui a été établi par les résistants nous raconte ce qui s'est passé ce jour-là à Mussidan :

«Départ vers 8 heures, pour l'occupation, avec deux détachements de la compagnie Roland et deux détachements de la compagnie Kléber. L'expédition est dirigée par Alfred, Arthur et Roland, qui connaissent bien la région. Arrivée à 10 heures, prise de position dans la ville basse, installation de barrages avec l'aide de civils, puis nouvelle montée des hommes vers le haut de la ville et la gare.

«Ici, premier point défectueux : tandis que nos hommes arrivent sur la route, une automitrailleuse boche, en patrouille, ouvre le feu sur eux. Après une violente riposte de notre part, l'auto s'enfuit avec trois hommes touchés à son bord. En même temps arrive, en gare, un train de protection avec wagons blindés. Nous l'attaquons. Un coup d'arbalète électrique immobilise la locomotive. Dès le début, le commandant de la compagnie Kléber, s'exposant un peu trop, est frappé d'une balle à la tête. Le chef de détachement Claude voulant lui porter secours tombe lui aussi. L'engagement dure environ une heure, pendant laquelle six ou sept F.T.P. sont également tués. L'adjoint du 2e détachement de la 1ère compagnie réussit, avec une folle témérité, à grimper sur le toit d'un wagon blindé est à jeter des grenades à l'intérieur. Aussitôt les Boches se rendent.

«C'est à ce moment qu'interviennent les renforts appelés par l'automitrailleuse échappée au début et par un poste-émetteur camouflé dans la région dont nous ignorions l'existence. Une auto-mitrailleuse attaque sans résultat un de nos camions, puis cinquante mètres plus loin est clouée sur place par le feu de notre mitrailleuse. Les détachements opérant à la gare commencent le décrochage, pendant que notre mitrailleuse entame un duel avec les Boches et en tue un certain nombre. Ensuite, un char et une chenillette descendent la grande rue, obligeant notre mitrailleur à se replier, mais ils tombent sur le barrage qui tenait le pont de l'Isle. Notre canonnier touche de deux torpilles le char, malheureusement sans résultat, pendant que les autres immobilisent et réduisent au silence une chenillette. le char fait demi-tour et mitraille nos hommes les obligeant à décrocher. Le repli général s'effectue lentement, les détachements de la gare en tête, les autres une heure plus tard, à l'exception de quelques isolés.» (2)

A 12 H 30, le combat est quasiment terminé. Les résistants comptent une quinzaine de tués et autant de blessés. Du côté allemand, treize soldats ont été tués et une dizaine d'autres ont été faits prisonniers.

Les F.T.P. partis, les Allemands de la garnison de Périgueux et les Nord-Africains de la Hilfspolizei procèdent à l'arrestation de 350 habitants de

*F.F.I. à Mouleydier.*

*Mouleydier, ville martyre du Périgord.*

Mussidan. La ville est rapidement livrée au pillage : les Nord-Africains pénètrent dans les maisons particulières et les magasins pour tout saccager, et emportent les objets de valeur.

Vers 21 heures, 52 Mussidanais sont passés par les armes à quelques mètres de la Mairie.

*
**

Le 11 juin 1944, d'importantes troupes allemandes tentent d'anéantir les groupes de résistants qui occupent Mouleydier et ses environs. Devant la résistance acharnée du groupe Soleil et du corps franc Bir-Hakeim, les Allemands doivent abandonner la partie et commencent à embarquer leurs blessés et leurs morts ; puis ils battent précipitamment en retraite vers Bergerac. Quatre résistants et une quinzaine d'Allemands sont morts.

Une nouvelle attaque allemande est lancée contre Mouleydier le 17 juin. Le groupe Carnot (A.S.) faisant bonne garde, les assaillants doivent une nouvelle fois décrocher avec de lourdes pertes. Le soir même, des renforts F.F.I. arrivent, notamment les groupes Cerisier et Bayard qui prennent position à Saint-Germain, sur la rive gauche de la Dordogne.

Le lendemain, la formation allemande Kopp (unité issue de la 273$^{e}$ division) tente de forcer le passage de Mouleydier.

Le rapport officiel F.F.I. (Dordogne-Sud) nous raconte cette nouvelle attaque ennemie :

«Le matin du 18 juin, à 6 H 30, le village est réveillé par une vive fusillade (c'est la formation Kopp qui attaque). Nous prenons position (il s'agit de deux détachements du 4$^{e}$ régiment F.T.P.) et, au bout d'une demi-heure, nous nous rendons compte que rien ne marche et que nous allons à une défaite. Soleil prend le commandement, ce qui est facile, car le PC et la plupart des hommes qui ont demandé les renforts ont disparu.

«Deux camions ont déversé leurs Boches à environ quatre cents mètres. Ils ont des armes lourdes et encerclent la tête de pont tenue par les F.T.P. Ceux-ci contre-attaquent sur la rive gauche de la Dordogne, mais ne peuvent empêcher le contingent de deux autres camions de reprendre du terrain et de blesser un de nos hommes. L'ennemi demande du renfort par fusée et essaye de déborder sur la droite pour approcher la Dordogne. Soleil, craignant d'être encerclé, fait replier ses hommes sur la rive droite et les étend le long du fleuve, après avoir établi une barricade à l'entrée du pont.

«A 8 h 30, une nouvelle attaque boche, cette fois sur la rive droite. Trois nouveaux camions et une voiture d'officiers déposeront leur contenu de «salopards». Aussitôt, les hommes placés sur la rive sont déplacés. Un tiers d'entre eux garde la position, les deux autres tiers partent à l'attaque d'un coteau sous le commandement d'Olivier. Résultat : trois morts et le commandant blessé. Une équipe se bat à la grenade, la compagnie réussit à grimper sur le coteau et à conserver, malgré un feu intense, les positions acquises. Quelques instants plus tard, un corps franc de l'A.S. (il s'agit du groupe D.D. Bourniquel de l'A.S. Dordogne-Sud), fort de trente-cinq à quarante hommes, arrive en renfort.

«Soleil demande de l'aide par téléphone à Belvès et, comme rien n'arrive, il envoie à nouveau ses hommes à l'attaque sous la direction de Rasemotte (il vient de prendre la place du commandant de compagnie Olivier, blessé quelques instants auparavant) qui culbutent les Boches et arrivent à les repousser.» (3)

Pour la troisième fois les Allemands ont été tenus en échec devant Mouleydier. Le groupe de reconnaissance de la 11e Panzer division est alors envoyé en renfort. Cette unité d'élite, des vétérans du front Russe, dispose de nombreux véhicules blindés et d'une excellente artillerie. Son chef, le commandant Bode, âgé de 40 ans, porte la tenue noire des formations blindées avec un écusson à tête de mort.

Devant le renforcement de la garnison allemande de Bergerac, les groupes F.F.I. Soleil, Alexis, Cerisier, Marsouin, Loiseau, Bertrand, Leduc, Pistolet forment un système défensif autour de Mouleydier. Mais que peuvent ces hommes sans armes antichars efficaces face à une importante formation blindée ?

*Obusier allemand de 75mm en opération contre la Résistance.*

*Blindés allemands de la 11^e Panzer Division en opération dans le Sud-Ouest.*

Le 21 juin, vers 6 H du matin, un avion allemand survole Mouleydier. Des bruits de chenilles se font bientôt entendre. Les F.F.I. des postes avancés aperçoivent des chars et des chenillettes se répandant dans la plaine. Le choc de l'acier contre la chair tourne court, les résistants doivent se replier en catastrophe. 170 maisons de Mouleydier sur 200 sont incendiées et détruites en quelques heures par l'artillerie et les blindés. Des Résistants qui s'étaient réfugiés dans les habitations trouvent une mort affreuse dans les flammes.

Le bilan de cette tragique journée va s'élever à une soixantaine de morts (civils ou maquisards).

*
**

Les maquis A.S. de Dordogne-Centre vont également subir les assauts de l'occupant. Le lendemain même de la tragédie de Mouleydier, les Nord-Africains de la Hilfspolizei et un détachement de la Werhmacht encerclent la ville de Vergt : plusieurs maisons sont pillées et des habitants arrêtés. La colonne ennemie se dirige ensuite en direction du camp de la Feuillade occupé par le Corps Franc Roland.

*Un village de la Dordogne lors d'une opération allemande de contre-guérilla.*

A 16 heures, le Chef du poste de garde Beaucourt signale l'arrivée des Allemands et des «Bicots». Le système défensif commence à se mettre en place lorsque subitement la section de gendarmerie (cinquante hommes), qui devait constituer la réserve du Corps Franc, se sauve à toutes jambes en direction des bois. Heureusement, l'énergique lieutenant Suder parvient à former deux sections de maquisards qui vont repousser pendant plus d'une heure toutes les attaques ennemies. Le tireur au FM Jourdan, le sergent-chef Beaucourt et l'adjudant Pain se distinguent particulièrement par leur bravoure. Le Corps Franc Roland est aini sauvé de l'anéantissement.

Le 25 juin 1944, l'occupant se renforce avec l'arrivée du groupement de combat Wilde. Cette unité appartient comme la formation Bode à la 11e division blindée (Panzer). Elle comprend surtout des éléments du 111e Panzer Grenadier Regiment : neuf compagnies en tout. Il convient également de souligner que ce groupe de combat est accompagné d'un détachement de Waffen SS français !

Le lendemain de son arrivée, la colonne Wilde tombe dans une embuscade sur la route de Salignac, à 8 km de Sarlat. Pendant plusieurs heures les maquisards des groupes Albert et Victor (A.S.) s'accrochent au terrain. Les Allemands perdent 17 hommes, mais continuent néanmoins leur progression. Ils vont se venger sauvagement en pillant plusieurs villages du Sarladais.

Georges Labarthe commente le 27 juin 1944 l'action allemande : «En ce moment a lieu une vaste opération dans le Sarladais. On entend le canon. On parle d'incendie de tous côtés. Des villages seraient rasés...» (4)

*
**

A partir du mois de juillet le combat tourne à l'avantage de la Résistance. On compte à ce moment 23 648 maquisards en Dordogne.

Le matin du 24, une importante troupe ennemie (soldats de la Werhmacht et Nord-Africains de la Hilfspolizei) tente d'anéantir le maquis de Javerlhac. Le chef Jacques met en place un système défensif qui repousse attaque sur attaque. Les Allemands sont obligés de faire venir des blindés qui acculent la Section Spéciale de Sabotage de Jacques Nancy sur la dernière ligne de Résistance. Vers 15 heures, l'arrivée soudaine d'importants renforts F.F.I. renverse la situation.

L'occupant doit prendre la fuite pour éviter la déroute. Ce victorieux combat reste à la gloire des hommes de la Section Spéciale de Sabotage qui, peu nombreux, ont soutenu avec héroïsme le choc ennemi.

Selon le rapport officiel des autorités vichyssoises, les Allemands ont eu à Javerlhac 56 tués et 28 blessés. Guy Penaud affirme que ce combat «est le plus meurtrier soutenu par l'armée allemande, en Périgord, pendant toute l'occupation.» (5)

A Saint-Etienne-de-Puycorbier, le 25 juillet 1944, 29 F.T.P. du 14e bataillon luttent jusqu'à la mort. Les Allemands qui attaquent de front et en masse sont plusieurs fois repoussés. Le SS Michel Hambrecht, chef de la Gestapo de Périgueux, raconte : «Lorsque mes soldats réussissent à prendre pied sur la colline, nous avons déjà laissé de nombreux cadavres sur le terrain. Seulement cinq maquisards sont morts et le autres continuent la lutte à coup de crosse jusqu'à ce qu'ils soient écrasés sous le nombre.» (6)

Les F.T.P. font de nouveau parler d'eux lors de l'embuscade de Beaufort, le 3 août 1944. Une compagnie de 14e bataillon, commandée par le lieutenant Pierre, anéantit une colonne de camions ennemis. Le lendemain, les Allemands attaquent le camp F.T.P. de Virolles, près de Saint-Etienne-de-Puycorbier. Malgré l'écrasante supériorité numérique de l'assaillant, les F.T.P. s'accrochent avec rage au terrain. Vers 22 heures, le feu ralentit de part et d'autre : les Allemands se replient.

Le 9 août, dans le sud du département, un fort détachement du 360e régiment de grenadiers cosaques encercle le P.C. du groupe A.S. Regain, à Saint-Julien-de-Crempse. Les maquisards des groupes Roland et Joseph arrivent en renfort pour infliger une sévère défaite à l'ennemi.

Devant les échecs répétés de l'occupant, le général Allemand Arndt, investi des pleins pouvoirs en Dordogne ordonne de faire fusiller 90 % des «salauds» qui se trouvent enfermés dans les prisons de Périgueux. (7)

Du 9 au 18 août, 41 détenus tombent sous les balles de la 1ère compagnie du 960e bataillons SS de sécurité.

*
**

Le débarquement franco-américain en Provence oblige les troupes allemandes (Groupe d'Armées G) à abandonner le Sud-Ouest pour se replier vers Dijon.

Les groupes de l'A.S. Dordogne-Nord libèrent Périgueux le 19 août 1944. Sur la N89, les longues colonnes allemandes sont obligées de prendre la direction de Bordeaux car les routes du nord et de l'est sont occupées par les maquisards.

La compagnie Guitton, le bataillon Bugeaud, le groupe franc Roland, les groupes Labadie et Gossot encerclent à Saint-Astier une centaine de soldats allemands. Les tirs bien ajustés des deux canons de 75 de la compagnie Guitton forcent les Allemands à s'enfermer dans les blockhaus environnants. Le capitaine Marc accorde aux assiégés un délai de quinze minutes pour se rendre : «Les honneurs militaires seront rendus à la garnison allemande. Les officiers garderont leurs épées et leurs dagues.»

Le 20 août 1944, à 10 h 30, le commandant allemand se présente seul

*Autoblindée Fiat-Ansaldo M41 (1 canon de 20mm et 2 mitrailleuses de 8mm) et chenillette-blindée de la Flak (4 canons mitrailleurs de 20mm) sur une route de montagne. De nombreux blindés seront utilisés par les Allemands contre la Résistance du Sud-Ouest.*

pour déclarer qu'il accepte la reddition «parce que les hommes sont démoralisés». Les résistants font 87 prisonniers. Onze morts sont en outre enterrés. Le même jour, l'occupant doit évacuer Bergerac en catastrophe. Le département de la Dordogne est totalement libéré le 25 août 1944.

La joie de la victoire tant attendue ne peut faire oublier un bilan hélas très lourd en pertes humaines. Selon le général de La Barre de Nantheuil, la Résistance périgourdine compte 671 morts dont 458 tués au combat. Certaines communes ont été durement touchées : Mussidan, Mouleydier, Saint-Astier... On a parlé de 1053 immeubles totalement détruits et 3296 autres partiellement.

Près de 400 soldats allemands ont été tués en Dordogne de 1942 à 1944. Deux cents autres ont été faits prisonniers.

Il est à noter que Michel Hambrecht, chef de la Gestapo de Périgueux, principal criminel de guerre en Périgord, sera grâcié en 1953 ! L'ancien chef de la Milice, Victor Denoix, finira paisiblement sa vie en Allemagne.

Guy Penaud estime que l'épuration a coûté la vie à un millier de personnes en Périgord, dont 145 collaborateurs notoires. Paul Lapuyade sera fusillé le 24 septembre 1945 au stand de tir de Périgueux.

Malgré les critiques de ceux qui ont accepté avec fatalité la défaite de 1940, la Résistance périgourdine se présente comme un étonnant sursaut patriotique. Sa route fut jalonnée de martyrs et son courage a été incontestable.

(1) Max Hasting . La division «Das Reich» et la Résistance. Paris 1983.
(2) Archives Départementales de la Dordogne. Périgueux.
(3) Idem.
(4) Idem.
(5) Guy Penaud : La Résistance en Périgord. Périgueux 1985.
(6) Archives Départementales de la Dordogne. Périgueux.
(7) Idem.

*Soldats allemands capturés par les maquisards du Sud-Ouest.*

# QUATRIEME PARTIE

# LA BATAILLE DU MEDOC

# FORTERESSES ALLEMANDES DE L'ATLANTIQUE

## *ZONE SUD*

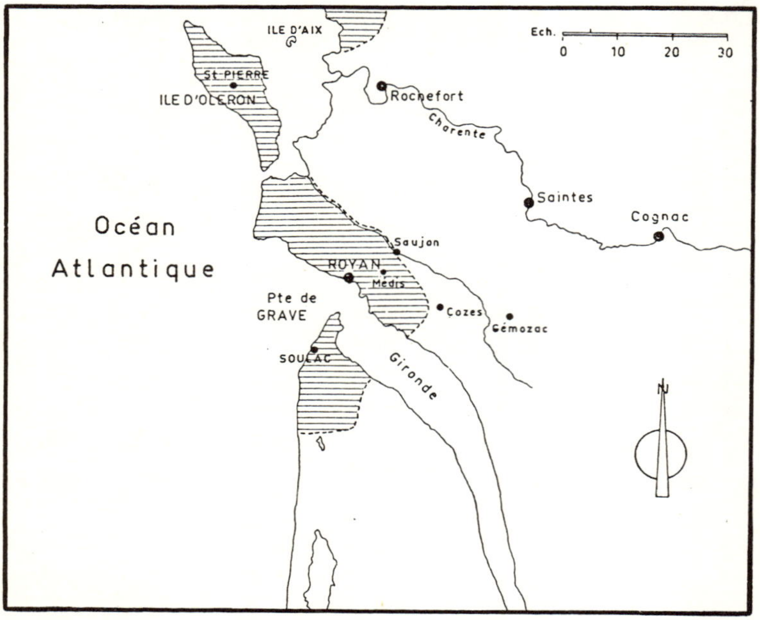

# CHAPITRE I

# LA GUERRE DE POSITION

Au mois d'octobre 1944, la France est un pays vide de ses occupants. L'armée allemande se replie sur tous les fronts, et la fin de la guerre semble de plus en plus proche. Pourtant une série de villes et de points d'appui sur la côte atlantique résistent encore sur un front de 275 km de long et entravent le ravitaillement des armées alliées, dépendantes des ports français, surtout depuis qu'une terrible tempête a détruit le port artificiel d'Arromanches.

Du nord au sud, les places fortes solidement établies sont Dunkerque, Lorient, Saint-Nazaire, La Rochelle, l'île d'Oléron, Royan et dans le Médoc : la Pointe de Grave.

Pour mettre fin à ces réduits, le général De Gaulle crée le 14 octobre 1944 le commandement des forces françaises de l'Ouest et le confie au général de Larminat. Dans la phase initiale, l'investissement et le contrôle de ces poches sont confiés à des unités F.F.I., l'armée régulière étant absorbée par les combats qui se livrent à l'est (Alsace-Vosges).

Les Allemands alignent 70 000 hommes pour la défense de ces réduits. Ils sont sous-équipés en moyen de transport et en blindés, mais ils disposent par contre de plus de 1 000 casemates bétonnées servies par 1 300 pièces d'artillerie, dont beaucoup sont d'un calibre supérieur à 150 mm. En face d'eux, 75 000 F.F.I. sont dotés d'un armement léger satisfaisant mais manquent de canons, de chars et de moyens d'assaut.

Dans le Sud-Ouest, d'importantes forces allemandes se sont retranchées à la pointe de Grave, avec pour objectif d'interdire l'estuaire de la Gironde aux navires français ou alliés. Depuis le sabotage des navires dans le chenal de la Garonne, elles neutralisent le port de Bordeaux.

Géographiquement, la pointe de Grave se trouve à l'extrémité de la péninsule triangulaire du Médoc, plantée de vignes et de pins, coupée de maigres pâturages et de marais. Elle est délimitée à l'ouest par l'Océan Atlantique et à l'est par la Gironde. La base de se triangle peut se constituer par une ligne partant de la station balnéaire de Montalivet, suivant la route de Vendays et rejoignant le canal de Vensac jusqu'à la Gironde. C'est à l'intérieur de ce triangle que les Allemands ont construit durant l'occupation un important système fortifié dans le cadre de l'organisation Todt. (1)

Les Allemands se sont installés dès juillet 1940 sur la côte atlantique de la Gironde et y ont établi une première position comportant quatre à cinq groupes de blockhaus. En été 1943, l'organisation Todt est chargée de la construction d'une position fortifiée appelée : «Festung Gironde» (Forteresse Gironde), dont le commandement est successivement confié au colonel Naumann, remplacé en août 1944 par le lieutenant-colonel Bender, puis en janvier 1944 par le général Mayer.

*Vue aérienne de la Pointe de Grave avec ses fortifications.*

*Blockhaus du verdon camouflés en habitations civiles.*

*Défenses allemandes à Montalivet.*

Le général Mayer a déjà fait ses preuves sur le front Russe en arrivant à dégager une division encerclée. Pour ce fait d'armes il a reçu la Croix de Chevalier (Ritterkreuz). Fin tactitien, conscient de ses devoirs, il se consacre activement au renforcement de la «Forteresse Gironde». Il prend trois mesures importantes :

— Intensification de la pose des mines.
— Augmentation de l'encadrement.
— Création et renforcement du dispositif de verrouillage des points d'appui. (2)

L'organisation Todt utilise une vingtaine d'entreprises allemandes et françaises. La sous-direction installée à Soulac (villa Clémence-Isaure), dépend en 1943 de la Bauleitung (direction des travaux) de Bordeaux.

La sous-direction dispose à Soulac de divers services techniques et d'une importante main-d'œuvre. L'encadrement chargé de la construction compte environ 200 hommes. Deux importants dépôts de matériel ont été constitué à l'usine à gaz de Soulac et aux Huttes, lieu-dit près du Verdon. La direction comprend en outre une compagnie automobile de transport avec camions.

La «Forteresse Gironde», achevée au début de l'été 1944, présente un vaste et solide système fortifié composé de 37 points d'appui et nids de résistance. Chacun d'eux reposent sur un ensemble de blockhaus bétonnés s'appuyant réciproquement : un comme casernement, un comme abri à munition, un servant au combat avec son artillerie et ses armes automatiques. Des abris supplémentaires jouent un rôle spécial : commandement, radiotélégraphie, station radio et observation radar.

L'ensemble de ces ouvrages se répartit en trois secteurs : front de mer, front de terre, front de la Gironde. Le front de mer, le plus puissant en artillerie, est destiné à empêcher tout débarquement sur la côte. Celui de la Gironde interdit l'approche du port de Bordeaux. Le front de terre, le plus menacé à la fin de l'année 1944, est renforcé par un champs de mines, un fossé antichar, des postes avancés et des lignes de barbelés. Des unités de pionniers ont enterré une énorme quantité de mines. Dans la seule région du Médoc, le chiffre de 800 000 mines semble très vraisemblable. Le fossé antichar dont le fond a été miné couvre un front d'environ 10 km. Il barre la presqu'île au sud de Soulac. Le terrain en avant du fossé antichar, aménagé pour la défense, est appelé terrain de manœuvre en avant (Vorfeld).

La Forteresse Gironde du front de Médoc représente 110 casemates bétonnés abritant 111 pièces d'artillerie de 20 à 165 mm. Le front de terre d'une largeur d'environ 25 km offre une profondeur de 20 km (Montalivet - Pointe de Grave).

L'ordre de bataille de la garnison allemande comprend 3 bataillons :
- le bataillon Festa LXXX, à 4 compagnies de fusiliers, sous les ordres du capitaine Fuchs, se composent de réservistes âgées, dont beaucoup

*Un des 110 blockhaus allemands qui défendent le front du Médoc.*

sont d'origine polonaise. Ce bataillon est davantage une troupe de garnison que de campagne. Son P.C. se trouve à Soulac.
- le bataillon de fusiliers 1059, fort de 4 compagnies est une bonne troupe de soldats jeunes, commandée par le compétent capitaine Portzold. Ce bataillon a été utilisé sur le terrain de manœuvre en avant (Vorfeld) de Vensac à la côte atlantique. Son P.C. est à Grayan.
- Le bataillon Narvik est une excellente unité, répartie en deux compagnies, totalisant 350 fusiliers marins. Parfaitement commandée par le capitaine de corvette Birnbacher, cette troupe d'élite a son P.C. à Saint-Vivien et tient le Vorfeld proche de la Gironde.

Une compagnie de réserve au bataillon Narvik se trouve cantonnée à Talais.

L'artillerie aligne une compagnie antichar dotée de 20 canons et 12 batteries de campagne totalisant 62 pièces de divers modèles. Aux troupes terrestres s'ajoute des éléments de la Luftwaffe : deux batteries de D.C.A. (29 pièces) et une compagnie de transmission.

La totalité de la garnison représente 90 officiers et 3800 hommes de troupe.

Le commandement change trois fois : le général Mayer, malade, est relevé de son poste le 27 novembre 1944. Son successeur, le colonel Sontag, arrive directement du front oriental. Agé de 34 ans, énergique, dur

*Mines allemandes à Montalivet.*

*Appareil allemand d'observation dans un blockhaus du Verdon*

pour lui-même et pour les autres, ses excellents états de services sont attestés par la croix en or et la croix de chevalier avec feuille de chêne. Tué le 4 mars 1945 par l'explosion d'une grenade, il est remplacé par le colonel Prahl, arrivant de Jersey, par la Rochelle et Royan.

*

**

Face aux importantes troupes allemandes défendant le front du Médoc, le colonel de Milleret (Carnot dans la Résistance) a considérablement renforcé sa brigade qui passe du 28 août au 14 octobre 1944 de 1 100 à environ 5000 hommes.

Au milieu du mois d'octobre 1944, la brigade Carnot comprend les unités suivantes :

- Groupe Bayard (commandant Martin).
- Groupe Pistolet (commandant Danta)
- Bataillon Arcachon (commandant Duchez).
- Bataillon Claverie.
- Groupe Charly du Médoc (lieutenant-colonel Cominetti).
- Groupement Martel.
- Escadrille Dupeyron (capitaine Lafitte) : 6 avions.
- Groupe Franc Leclerc.
- Bataillon Nord Landais (commandant Lartigau).
- Compagnie Le Caloy.
- Escadron Klein.
- Groupe Espagnol (commandant Cassado)
- Bataillon Penthésilée (commandant Chodsko).
- Bataillon Roche.
- Bataillon Couture.
- Bataillon Mixte-Marocain (commandant de Laborde-Noguès).
- Bataillon Bertrand (commandant Alessandri).
- Corps Franc de Saint-Médard (rejoint le bataillon Penthésilée).

L'ensemble représente donc 5 groupes de combat, 1 groupement, 8 bataillons, 1 compagnie, 1 escadrille et 1 corps francs : soit l'équivalent de 3 régiments d'infanterie (environ 1 600 hommes chacun).

L'artillerie se limite au début de l'hiver à un régiment de 16 pièces (75, 80, 80,3 et 155mm). C'est peu face aux 111 pièces allemandes dont 97 de fort calibre. Malgré cette grande disproportion, le colonel de Milleret affirme que «l'action ne faiblit pas, les tirs se multiplient sur les ouvrages de campagne des Allemands. Nos artilleurs disposent de chefs remarquables. Le tir appliqué avec une étonnante précision, provoque parfois un véritable affolement parmi les Allemands.» (3)

Les soldats de la brigade Carnot portent généralement l'uniforme français de 39/40, complété rarement d'éléments anglais ou américains. Roger

Escarpit, ancien combattant de la brigade Carnot, raconte que «certains maquisards arrivent en short et en sandales, sans capote, sans souliers. Ils devront tenir les avant-postes par tous les temps : pluie, boue, neige, inondation. Ils le feront en plus avec un armement de fortune.» (4)

L'extrait d'un document allemand rédigé par le colonel Pollman donne une synthèse assez exacte de la brigade Carnot :

«Il s'agit d'unités dotées d'armes individuelles, de mitraillettes et d'explosifs. Beaucoup de Français ne portent pas d'insignes, ou bien portent de petits rubans à la boutonnière invisibles à quelques mètres...»(5)

La brigade Carnot a la mission de tenir un front d'environ 25 km, sans avoir les moyens de soutenir une bataille rangée. Les soldats français aménagent d'importantes positions défensives : tranchées, casemates en rondins, abris sous-terrains, lignes de barbelés. L'ensemble fait cependant triste figure face à la «Forteresse Gironde» des Allemands.

Le siège de la pointe de Grave débute le 25 août 1944, quand le général Mayer réunit les officiers de la garnison dans son habitation de la villa Ferrenjack, à Soulac, pour leur signifier qu'il a reçu mission de défendre la position Gironde-Sud et qu'il la défendra jusqu'au bout.

222

*Front du Médoc, automne 1944, des F.F.I. de la brigade Carnot viennent de capturer un soldat allemand.*

Le 28 août, les brigades de gendarmerie française de Soulac et de Saint-Vivien sont évacuées sur Bordeaux, ainsi que les travailleurs qui n'ont pas leur domicile fixe dans le Médoc. Le 30, les dernières mesures de sécurité sont prises avec la destruction des ponts sur le Guâ sur la route Bordeaux-Le Verdon, de La Traverse sur la route Grayan-Vendays, de la Coulisse sur la route Saint-Vivien à Jau.

Du côté français, la 1ère compagnie du bataillon Claverie traverse Bordeaux le 29 août où se manifestent des tireurs allemands sur les toits, et essuie les coups de feu d'un «sniper» (tireur d'élite) posté au sommet de la tour Pey-Berland. La compagnie met un fusil mitrailleur en position sur le perron de la faculté des Lettres. Dans la soirée l'unité F.F.I. avance en direction de Carcans.

Le colonel de Milleret installe son poste de commandement (P.C.) à Saint-Laurent-de-Médoc au château de Barateau. Un P.C. chargé du ravitaillement est formé à Bordeaux, rue Abbé-de-l'Epée. Les unités de la brigade Carnot en contact avec l'ennemi doivent tenir la ligne Saint-Isidore-Lesparre-Saint-Christoly.

Le mois de septembre est en partie consacré à l'évacuation des femmes, des vieillards et des enfants de la zone des combats. La campagne hivernale va bientôt commencer, extrêmement pénible pour la brigade Carnot, mal armée, mal équipée, montant une garde interminable dans un secteur difficile au milieu de l'humidité des marais, sous les intempéries de l'hiver, sans autres opérations actives que des patrouilles, des coups de main et des tirs d'artillerie. Du côté allemand, les réactions sont normales ; la troupe, à l'exception de celle qui tient les avants-postes, est installée dans un confort relatif.

Pour empêcher au maximum les infiltrations ennemies, le colonel de Milleret organise son dispositif en trois lignes : ligne de résistance, ligne des soutiens et ligne d'arrêt.

Pendant cette période de «drôle de guerre», le commandement allemand se penche sur le problème du ravitaillement. Les réserves sont stockées ; des exploitations agricoles sont créées ; le rationnement le plus strict est imposé. Le commandement se préoccupe aussi de lutter contre l'isolement de la troupe en maintenant son moral par des exercices militaires et sportifs, par l'octroi de permissions de 24 heures ou de 48 heures passées à Soulac, par la mise en place de «foyers du soldat», par la diffusion de bonnes nouvelles reçues par radio, enfin par la publication d'un journal imprimé à Royan «Die Gironde Festung». La discipline germanique sera maintenue à tous les échelons. Le 1er octobre, les Allemands délimitent strictement la zone réservée à l'habitation des civils demeurant dans Soulac.

A partir du mois d'octobre les éléments avancés de la brigade Carnot intensifient les coups de main et les patrouilles. Le 11, le bataillon Duchez tend une embuscade à une forte troupe ennemie : 2 Allemands sont tués

*Le colonel de Milleret en compagnie d'Albert Rèche (correspondant de guerre) sur le front du Médoc.*

*Front du Médoc, hiver 1944/45, ce F.F.I. de la Brigade Carnot ressemble étrangement par sa tenue à un poilu de la guerre 14/18.*

*Le général de Larminat visite le front du Médoc en octobre 1944.*

et 5 autres prisonniers. Les «Poilus» du front du Médoc font preuve d'une incroyable endurance et d'une magnifique bravoure. Le capitaine Dartigues écrit que «la campagne d'hiver 44-45 se déroula par un climat très rude qui vit d'importantes chutes de neige en janvier, des températures très basses compliquées de vents violents alternant avec des pluies diluviennes.

«C'est dans un tel «biotope» que les volontaires F.F.I. durent tenir le front du Médoc. Pas de chaussures, pas de capotes, des armes d'occasion issues de toutes les manufactures du monde ; souffrant comme tous les Français des restrictions alimentaires, les F.F.I. du front du Médoc n'ont rien eu à envier des autres F.F.I. du front Atlantique.

«Ils eurent droit aux casques de leurs pères et grands-pères, aux vieilles culottes, aux bandes molletières récupérés, aux Lebels de 14-18 ressortis de leurs cachettes, sans toutefois oublier les armes parachutées des maquis.

«Malgré cela, l'esprit du soldat de l'an II, du grognard de l'Empire, du Poilu des tranchées, ou du volontaire des Forces Françaises Libres, survivait en eux et leur permit de tenir face à un ennemi puissamment fortifié et lourdement armé. En attendant le jour de l'attaque...» (6)

Depuis le 21 août 1944, le colonel de Milleret dispose d'une aviation de reconnaissance (10 avions) permettant de survoler les positions ennemies. Par la suite, au fur et à mesure de la libération du territoire, des formations classiques sont implantées dans le Sud-Ouest, soit par des unités déjà existantes, soit par des créations nouvelles. C'est ainsi que prennent naissance les Forces Françaises Aériennes (F.F.A.) sous les ordres du général Corniglion-Molinier. A partir du 1er décembre 1944, les forces aériennes du front de l'Atlantique disposent des unités suivantes :

*Le colonel de Milleret au P.C. de la brigade Carnot, rue Abbé-de-l'Epée à Bordeaux.*

Armée de l'air :
- Groupes 1/18, avions Dewoitine D520, à Vannes, sous les ordres du commandant Lapios.
- Groupe 2/18, Dewoitine D520, Toulouse, commandant Thollon.
- Groupe 1/31, Junkers 88, Toulouse, commandant Dor.
- Groupe 1/34, Glenn-Douglas, Mérignac, capitaine Bataille.
- Groupe 3/33, Fieseler Storch, Cognac, capitaine Girardot.
Aviation maritime :
- Groupe aéronaval n°2, bombardiers en piqué S.B.D. à Cognac, sous les ordres du capitaine de corvette Laine.

La totalité des groupes représente 62 appareils français, plus une escadrille anglo-américaine de Thunderbolts (48 appareils). L'aviation française va effectuer sur le front de l'Atlantique, du 1er décembre 1944 à la mi-avril 1945, 1 062 sorties.

L'unique avion de construction française engagé sur le front de l'Atlantique a été le chasseur Dewoitine D520, l'un des meilleurs chasseurs de la Seconde Guerre Mondiale. Cet appareil entièrement métallique, mis en service au mois de mai 1940, n'équipe le 25 juin 1940 que 4 groupes de chasse. C'est avec un Dewoitine D520 que le sous-lieutenant Pomier-Layragues abat le 5 juin 1940 l'as allemand Moelders. Son armement comprend un canon de 20mm et 4 mitrailleuses de 7,5mm. Sa vitesse maximum atteint 530 km/h. 900 exemplaires ont été construits entre 1940 et 1944.

*
**

A partir du mois de novembre 1944, les accrochages de patrouilles se multiplient sur le front du Médoc. Le 17, le Corps Franc du capitaine Duchez enlève d'assaut un important poste Allemand et fait de nombreux prisonniers.

Au mois de décembre, des opérations analogues se poursuivent. Le 18, un violent combat s'engage au pont de la Fosse, occasionnant des pertes non négligeables de part et d'autre. Les Français laisseront aux mains des Allemands un prisonnier et deux morts qui seront par la suite enterrés avec les honneurs militaires !

Au moment où se termine cette année 1944 qui a vu la libération de la quasi-totalité du sol français, le Général de Larminat s'adresse aux soldats F.F.I. du front de l'Atlantique pour leur dire : «Bonne année, bon courage... Le plus beau souhait qu'il soit possible de formuler est que 1945 nous apporte autant que 1944.

«La réalisation de ce souhait dépend beaucoup de vous. La leçon de 1944 est que le vieil adage «aide-toi, le ciel t'aidera», est lourd de vérité.

C'est parce que les Français se sont aidés eux-mêmes que la libération de leur sol a été si rapide que l'ennemi n'a pu se rétablir provisoirement avant les Vosges, que bien des destructions ont été ainsi évitées, que la France a retrouvé dans le monde son crédit moral.

«L'armée française renaissante appliquera cette leçon en 1945 ; elle sera digne de la victoire à laquelle elle prétend par sa vaillance et son endurance, par sa discipline et son effort tenace d'amélioration.

«Bonne année soldats du front de l'Ouest, mal vêtus, mal armés, mais la flamme aux yeux et la résolution au cœur.

«Et que, dans vos missions et vos combats, vous soutiennent le souvenir et l'exemple de ceux de nos camarades, sorties de l'abîme, et en route par ses beaux destins.» (7)

Si environ 5 000 hommes de la brigade Carnot, soutenus seulement par 16 canons, font face à 3890 Allemands équipés de 111 canons, le front de l'Atlantique comprend également d'autres secteurs :

- Le front de Royan : division Gironde, commandée par le général d'Anselme, avec 25 000 hommes et 210 pièces d'artillerie. En face les Allemands avec 5 500 hommes, 120 canons et 150 casemates.
- L'île d'Oléron : brigade Oléron, sous les ordres du général Marchand, 8 000 hommes et deux groupes d'artillerie. En face les Italo-Allemands avec 1 500 hommes, 40 canons et 30 casemates.

Le début de l'année 1945 est marqué par un événement regrettable.

*Hiver 1944/45 sur le front du Médoc.*

*Chasseur Dewoitine D520 sur le front de l'Atlantique-Sud en 1944/45.*

*Le soldat Paul Memain (au centre), futur président de la brigade Carnot.*

Le 5 janvier, entre 4 h et 5 h 30 du matin, 300 avions alliés bombardent Royan. Le préavis d'exécution de ce raid est parvenu trop tardivement au commandement français, pour que ce dernier puisse le faire annuler. On compte de très nombreuses victimes parmi la population française.

Dans la journée du 5 janvier, une équipe de déminage de la brigade Carnot saute sur une mine. Six hommes sont tués sur le coup et cinq autres blessés. Deux jours plus tard, un bombardier français est abattu au-dessus du Verdon. L'équipage, trois officiers et 2 sous-officiers, est enseveli le 9, en même temps qu'un sous-officier anglais appartenant à l'équipage d'un appareil de la R.A.F. abattu au-dessus de Royan, et dont le corps a été rejeté sur la plage du Verdon.

La pluie qui ne cesse de tomber cause de nombreux cas de bronchites dans les rangs français. Exposés au froid, au vent et à l'humidité, les pieds dans la boue avec des chaussures percées, les hommes de la brigade Carnot souffrent le martyr.

Les Allemands disposent de nombreux bâtiments pour assurer le ravitaillement et la liaison entre les différentes forteresses de l'Atlantique. Selon un rapport du vice-amiral Lemonnier, chef d'E.M. de la marine, la Kriegsmarine de l'Atlantique aligne le 21 février 1945 : 1 torpilleur, 30 vedettes, 9 sous-marins, 150 à 200 voiliers et autant d'embarcations à moteur.

Du côté de la marine française, une flotille de vedettes d'assaut, sous les ordres du capitaine de corvette Montesquieu, se montre très active durant tout l'hiver 1944-45. Ces petites unités navales gênent considérablement le trafic allemand des poches de la Gironde avec les ports espagnols de Bilbao et de Portugalote. En échange des denrées reçues, les Allemands livrent des bêtes à cornes en provenance du pays occupé. (8)

Le 31 décembre 1944, un petit cargo espagnol de 350 tonnes, le «Vulcano» en provenance de Cadiz, force le blocus et gagne Royan sous l'escorte de six dragueurs allemands. Il débarque les denrées (farine, sardines, oranges, chocolats, nougat) qui sont répartis entre Royan et la Pointe de Grave. Tous les navires espagnols n'ont pas cependant le succès du «Vulcano». Les vedettes françaises de Saint-Jean-de-Luz et les avions de la base d'Hourtin interceptent assez souvent les échanges germano-espagnols. Le 1er avril 1945, les appareils du groupe Laine coulent le chalutier «Coolie». Le 5 du même mois, la frégate «Surprise» engage un violent duel au canon contre deux dragueurs Allemands. Le 7, une vedette allemande est capturée avec tout son équipage.

Les forces navales françaises de l'Atlantique de l'Amiral Rue représentent une force importante au mois d'avril 1945 :
- Cuirassé Lorraine (canons de 340mm).
- Croiseur Duquesne (canons de 203mm).
- Torpilleurs le Fortune, le Basque, l'Alcyon.

- Escorteurs Aventure, Découverte, Surprise, Hova.
- Destroyers d'escorte Hova et Somalie.
- 18 dragueurs de mines...

*
**

Le 2 mars 1945, les Allemands lancent une attaque avec de gros moyens (mortiers, lance-flammes mitrailleuses lourdes) contre le point d'appui français de la cote 40, à l'est de Montalivet. Les assaillants s'infiltrent entre les avant-postes dans un terrain boisé et marécageux et réussissent à encercler une section. Ils pénètrent ensuite d'environ 2 km à l'intérieur des positions françaises. En fin de journée, une contre-attaque, appuyée par l'artillerie et l'aviation, rétablit la situation. Le bilan est hélas très lourd pour les Français qui ont perdu 53 hommes (dont 45 sont prisonniers) alors que les Allemands ne comptent qu'une dizaine de soldats hors de combat.

En représailles d'une attaque aérienne sur Saint-Vivien, 3 canons allemands de 164mm tirent une soixantaine d'obus sur Lesparre, le 12 mars. Un autre tir de la même violence est effectué le 2 avril sur Naujac.

Le 12 avril, le poste radio allemand de la Pointe de Grave capte une émission française annonçant l'attaque imminente de la Forteresse Gironde. Depuis le début du mois d'avril, les forces françaises ont été renforcées et regroupées ; on leur a enfin donné les moyens de passer à l'offensive.

La brigade Carnot prend le nom de Brigade Médoc le 25 mars 1944 et aligne les unités suivantes :

Infanterie :
- 8e régiment d'infanterie.
- 34e régiment d'infanterie.
- 38e régiment d'infanterie.
- Régiment mixte étranger marocain.
- Commando Gironde.
- Commando Atlantique.
- Compagnie de choc Bretagne.
- Bataillon de marche d'Extrême-Orient.

Arme blindée cavalerie :
- 18e régiment de chasseur à cheval.

Artillerie :
- 196e régiment d'artillerie.

Génie :
- 151e régiment du génie.

Marine :
- bataillon de fusiliers-marins de Rochefort.

*Front du Médoc, hiver 1944/45, officiers et soldats de la brigade Carnot en observation.*

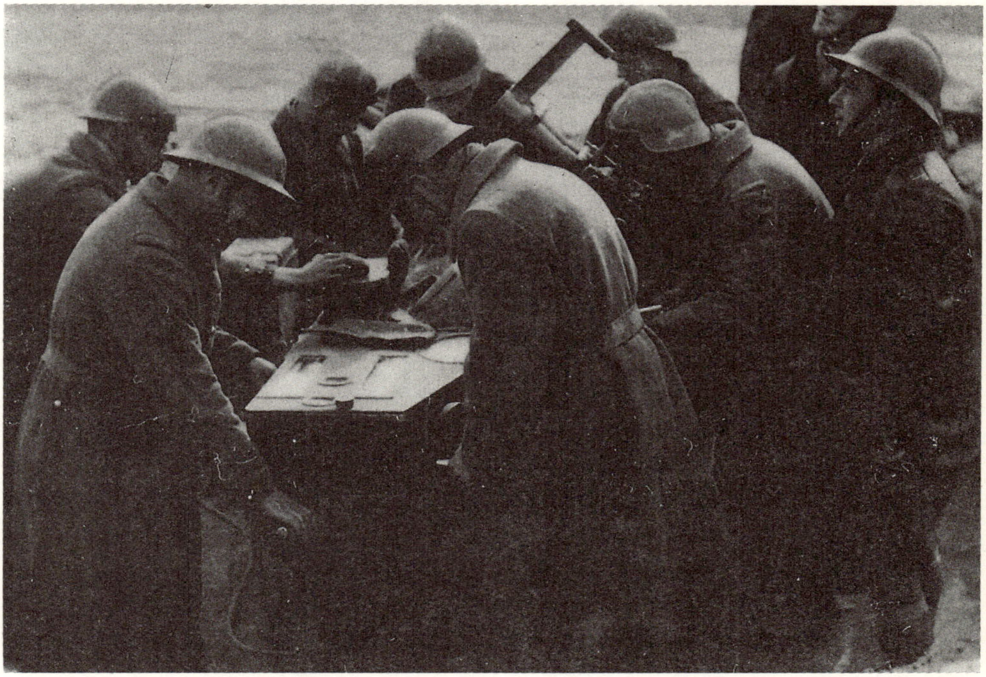

*Hiver 1944/45, Soldats et officiers de la division Gironde sur le front de Royan.*

*Le colonel de Milleret au retour d'un vol de reconnaissance.*

*Le colonel de Milleret en compagnie du commandant Chodzko (à droite), titulaire de 40 décorations et authentique descendant des rois de Pologne.*

Renforts au moment de l'offensive :
- Régiment d'Afrique équatoriale française et somalie.
- 1e bataillon du 131e régiment d'infanterie
- 4 escadrons du 1e régiment de Spahis Marocains.
- 1e escadron du 13e régiment de dragons.
- 2 groupes du 32e régiment d'artillerie.
- 1 groupe du 10e régiment d'artillerie coloniale.
- Corps Franc de l'air du Médoc.
- 3e compagnie du 151e régiment du génie.

L'ensemble de la brigade Médoc avec ses renforts comprend 13 000 hommes, 31 pièces d'artillerie et une quarantaine de chars (Somua, Sherman et M10).

L'offensive a pour objectif la conquête des forteresses de Royan et de la Pointe de Grave. La bataille doit se dérouler simultanément sur les deux rives de la Gironde. Sur le front du Médoc, le colonel de Milleret a organisé son attaque en deux temps ; conquérir d'abord la zone des avants-postes allemands jusqu'au fossé anti-char. Puis exploiter l'effet causé par les bombardements massifs de l'aviation et de la marine pour réaliser l'occupation totale de la Pointe de Grave. Le plan d'ensemble subordonne l'opération toute entière à la réussite de l'attaque de Royan.

L'aviation destinée à opérer en liaison avec l'attaque terrestre sur les deux rives, met en action 62 appareils français et 260 appareils anglo-américains.

Dans un rapport sur les opérations de son unité, le capitaine François de Gaudusson, commandant d'un bataillon du régiment du Lot qui doit impérativement conquérir une tête de pont, mentionne l'état d'esprit des forces F.F.I. qu'il a sous ses ordres :

«Ce grand chambardement nous met dans l'ambiance et crée une certaine impatience dans l'attente du déclenchement des derniers combats.

«Certes, nous savons mieux que personne la pauvreté de notre armement et de nos équipements, notre faible expérience des opérations offensives d'envergure et pour nous, les cadres de tous grades, notre bien sommaire formation tactique devant nos responsabilités du moment.

«Mais qu'importent ces considérations ; la confiance réciproque est la base de notre cohésion et personne ne doute que chacun fera preuve d'une inébranlable détermination, comme ce fut le cas naguère pour choisir la Résistance et poursuivre la lutte jusque sur ce coin de terre encore occupé par l'ennemi.

«Oui, cadres et troupes sentent que ce dernier engagement constituera le terme et le couronnement de leurs efforts passés et personne, non personne, n'a l'idée de préférer à cette ultime bataille la passivité du soldat attendant «l'arme à la bretelle» la rédition volontaire de l'ennemi. Pour chacun, comme pour tous, la victoire des armes est indispensable pour clore dignement ce chapitre de la Résistance et de la libération.» (9)

Le moral chez les Allemands est loin d'être ébranlé ; l'âpreté des combats en avril 1945 suffit à le démontrer. Les trois bataillons d'infanterie vont défendre le front du Médoc jusqu'au dernier retranchement. La première préoccupation du commandement allemand sera de résister le plus longtemps possible afin d'immobiliser le maximum de troupes françaises devant ses positions.

(1) Geneviève Mange et Robert Dufourg : la bataille pour la Pointe de Grave. Bordeaux 1955.
(2) Archives Allemandes du colonel Hartwig Pollman.
(3) Mémoires non publiées du colonel de Milleret (Carnot).
(4) Roger Escarpit : Les va-nu-pieds. Paris 1982.
(5) Archives Allemandes du colonel Hartwig Pollman.
(6) Capitaine André Dartigues : Le front du Médoc (une brigade F.F.I. au combat). Ouvrage réalisé en collaboration avec le lieutenant-colonel Jolit et Monsieur Paul Memain.
(7) Archives de la Fédération des Anciens Combattants de la Pointe de Grave et de la brigade Carnot. Bordeaux.
(8) Idem.
(9) Idem.

*Hiver 1944/45, Front du Médoc, visite de Monseigneur Feltin (futur archevêque de Paris).*

# CHAPITRE II

# OFFENSIVE ECLAIR EN MEDOC

Le samedi 14 avril 1945, à 7 h30, le 196e régiment d'artillerie de la brigade Carnot-Médoc ouvre un feu d'enfer sur les positions allemandes. Les canons de 75, 80, 105 et 155 tirent plus de 1200 coups en deux heures. Au même moment 24 bombardiers en piqué S.B.D. complètent le bombardement en neutralisant les défenses ennemies des ponts du Guâ, de la Traverse, de La Brède et de Montalivet. La réaction de la D.C.A. (Flak) est vigoureuse.

La mission confiée à l'infanterie repose d'abord sur la conquête des avants-postes allemands. Cette première ligne de défense, appelée ligne principale de combat, présente de nombreux obstacles avec ses barbelés, ses tranchées, ses casemates, ses mines et ses nids de mitrailleuses.

L'infanterie doit ensuite se rendre maître du «Vorfed» qui s'étend sur les communes de Vendays-Montalivet, Vensac, Saint-Vivien, Grayan, Talais ; c'est-à-dire progresser d'environ 13 km à l'intérieur du dispositif allemand pour se trouver en contact du célèbre fossé antichar. Les troupes allemandes qui font face aux F.F.I. de la brigade Carnot-Médoc sont bien armées, bien équipées et parfaitement entraînées.

«On sait que le moral des soldats ennemis est soutenu par des chefs nazis 100 %», écrit le lieutenant-colonel Jolit. (1)

La première ligne de terrain à conquérir, fortement marécageuse, est coupée de chenaux très profonds dont les ponts ont été détruits par l'ennemi. L'utilisation de chars s'avère donc pratiquement impossible pour ce début d'offensive. Comme les Poilus de Verdun, l'infanterie F.F.I. avec ses faibles moyens, doit attaquer à découvert des positions fortifiées.

A 15 h30, le 1er bataillon du 8e RI s'élance à l'assaut des défenses du pont de la Traverse. La première compagnie sous le commandement du capitaine François de Gaudusson parvient sans difficulté jusqu'au marais et tente de franchir la coupure. Mais les Allemands qui tiennent le secteur ont peu souffert des bombardements. Un lance-fusées à têtes multiples (Stuka Zu Fuss) ouvre un véritable déluge de feu sur la compagnie française qui est clouée au sol. L'opération sur le pont de la Traverse se solde par un échec.

Au même moment, une compagnie du régiment mixte Marocain, sous les ordres du lieutenant Ofmann, engage une action offensive vers Montalivet. Les Allemands ripostent en mettant le feu à la forêt. Sous l'effet de la chaleur plusieurs champs de mines explosent, causant des pertes énormes chez les Français qui doivent se replier d'urgence. Le lieutenant Ofmann est tué au cours de l'action.

Des éléments avancés du bataillon de volontaires étrangers (Basques et Espagnols) parviennent à dépasser la cote 40.

Une section d'assaut du 18e régiment de chasseurs à cheval progresse dans les marais avec des canots pneumatiques. Couverts par le coassement des grenouilles, des indigènes du régiment du Tchad réparent le pont qui mène au point d'appui «Pont des Paysans».

*Avril 1945, canon de la brigade Carnot.*

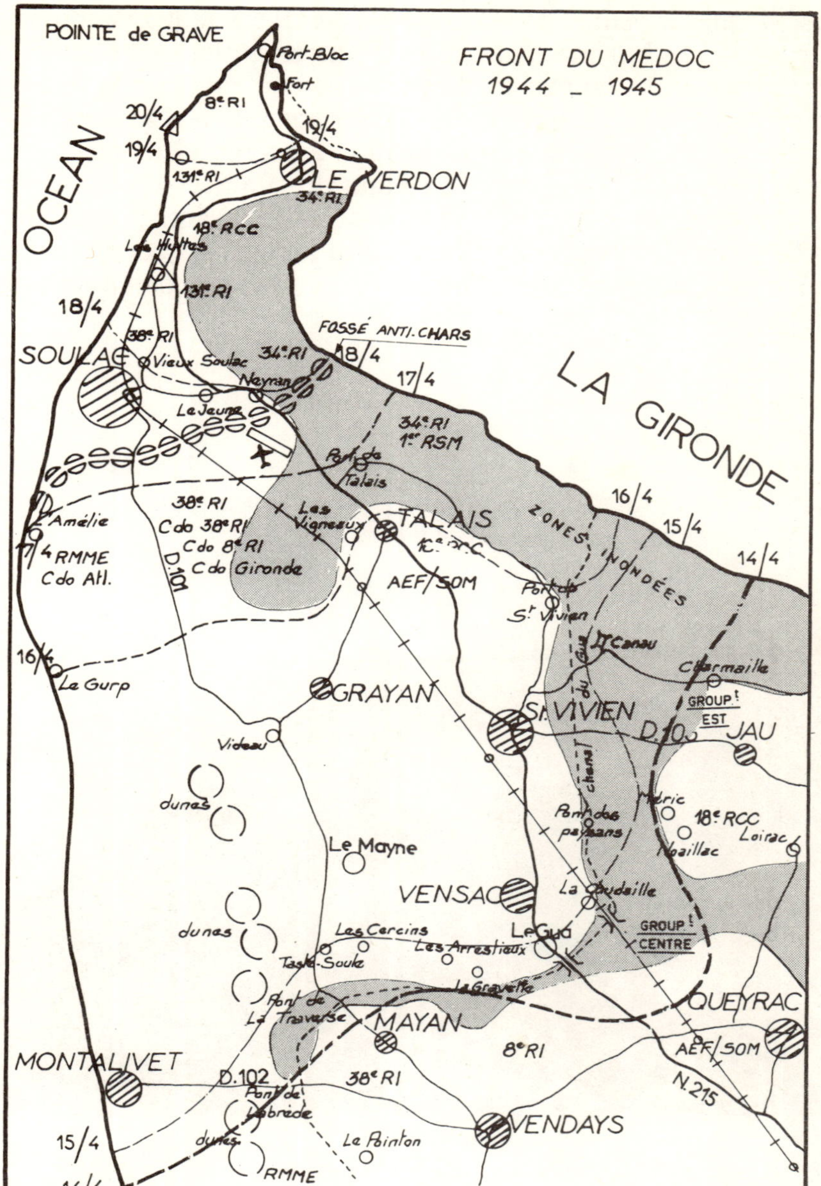
FRONT DU MEDOC
1944 - 1945
POINTE de GRAVE
OCEAN
LA GIRONDE
LE VERDON
SOULAC
TALAIS
GRAYAN
ST VIVIEN
JAU
VENSAC
QUEYRAC
MAYAN
MONTALIVET
VENDAYS
FOSSÉ ANTI-CHARS
ZONES INONDÉES
GROUP! EST
GROUP! CENTRE
AEF/SOM
N.215
D.102
Le Gurp
Le Mayne
dunes
RMME

Le 34e RI du lieutenant-colonel Dussarat (Léon des Landes) enlève baïonnette au canon la position château Canau-Les pêcheries.

Peu avant 19 h 30, le capitaine de Gaudusson fait pilonner par les mortiers du 38e RI la rive Nord du marais de la Traverse. Puis deux sections d'assaut, sous les ordres des Lieutenants Pitchoro et Birolini, atteignent sur des barques le centre du chenal qui est entièrement à découvert. Sous le feu ennemi des barques chavirent, d'autres explosent et coulent. Malgré les pertes importantes, les Français atteignent l'autre rive.

Dans son rapport, le capitaine de Gaudusson relate la soirée du 14 avril : «Les premiers éléments de mon bataillon arrivent enfin sur l'autre rive, prennent pied sur la terre ferme, au chant de «La Marseillaise», au milieu des bombardements et malgré la vive réaction des avants-postes allemands. Après des combats incertains allant jusqu'au corps à corps nos hommes arrivent à pénétrer plus avant dans les bois en vue de constituer une solide tête de pont.» (2)

*Avril 1945, attaque d'un blockhaus allemand à Montalivet.*

*La traversée du Guâ le 15 avril 1945.*

Dans le journal «Le Partisan du Lot», imprimé à Cahors, le reporter de guerre René Andrieux évoque la situation précaire de la tête de pont :

«Il s'agit de la conserver, et ce n'est pas facile. Il commence à faire nuit. L'artillerie ennemie vient de prendre sous son feu la plage d'embarquement ; les renforts arriveront avec difficultés —des barques, lancées sur le marais, sont retournées— un obus percute le milieu d'une embarcation et la coupe en deux : 3 morts, des blessés, une mitrailleuse et deux F.M. avec les munitions sont dans l'eau. Les nôtres, même les blessés, plongent dans le marais, reprennent leurs armes et gagnent la rive opposée, de l'eau jusqu'aux épaules.

«Il fait nuit. L'ennemi, là-bas, s'est ressaisi et prépare la contre-attaque. Les deux premières sections de la tête de pont sont dans une situation critique ; les renforts doivent passer, ou c'est l'échec de l'offensive et l'extermination de nos camarades. On passera !

«Toute la nuit, le combat fait rage : les nôtres tiennent, malgré des pertes sévères.» (3)

Le 15 avril, l'attaque reprend dès le début du jour avec des éléments du 18$^{e}$ régiment de chasseurs à cheval et du régiment A.E.F./Somalie qui bénéficient cette fois de l'appui de l'artillerie navale et de l'aviation. Le cuirassé Lorraine et le croiseur Duquesne tirent 3 930 obus sur les positions allemandes, dont 246 de 340mm et 901 de 203mm. De nombreux blockhaus sont réduits au silence.

L'avance française se poursuit malgré les difficultés provenant à la fois du terrain marécageux, des champs de mines et de la résistance allemande.

Henri Amouroux, alors correspondant de guerre au journal Sud-Ouest, relate l'héroïsme du régiment du Lot (8$^{e}$ RI) :

«Et soudain, je m'étais trouvé devant Mayan en pleine action. Il pouvait être 8 heures ; quelques hommes du capitaine de Gaudusson avaient franchi durant la nuit les marais qui les séparaient des Allemands et ayant conquis trois blockhaus, les défendaient désespérément.

«Désespérément, car nous, de l'autre rive, étions empêchés de les ravitailler. A peine une barque partait-elle chargée d'hommes et de munitions, que les 88 la prenaient en chasse, l'obligeant à revenir à son point de départ et bombardant copieusement par la suite nos avants-postes.

«Couchés près de ces hommes, qui savaient que leurs camarades livraient, à 500 mètres d'eux, un suprême combat, j'ai partagé pendant des heures leurs angoisses.

«Leurs angoisses et leur douleur, lorsque, précédés de la Croix-Rouge, il en revenait quelqu'un étendu, livide et souffrant sur un brancard.» (4)

L'officier allemand de l'unité de contre-attaque est tué ; sa mort provoque la panique dans les rangs ennemis qui se replient en catastrophe. Les F.F.I. restent maître du terrain. On apprend par les prisonniers que l'action a été menée par une compagnie du bataillon d'élite Narvik et

*Front du Médoc, le commandant Léon du Blayais aux avants-postes (casque de char).*

une compagnie de mitrailleurs du bataillon Festa LXXX.

Malgré de sérieuses pertes, la tête de pont va se renforcer d'heure en heure.

Au même moment, le canal du Guâ est franchi par les cavaliers et les coloniaux en divers points. Le village de Vensac est pris et une large tête de pont englobe le village. Pourtant les tentatives répétées de s'emparer de La Brède et de La Traverse demeurent infructueuses.

En fin de journée, la ligne atteinte par les troupes françaises est jalonnée de l'ouest à l'est, par la cote 40, Taste-Soute, Les Arçens, Les Arrestieux, Les Artigues, le moulin de la Caillaouse, la voie ferrée La Palus-Neuve, le Château Canau et les Pêcheries. Un pont capable de supporter un poids de 35 tonnes est mis en construction sur la Guâ pour l'intervention éventuelle des chars.

Le lundi 16 avril, le cuirassé Lorraine et le croiseur Duquesne ouvrent un feu roulant sur les ouvrages bétonnés. L'aviation (550 appareils) effectue pour sa part un bombardement massif sur toute la longueur du fossé antichar. De son côté, l'artillerie du 196ᵉ régiment pilonne les lignes allemandes. La 1ère batterie du capitaine Castagne prend position à Grayan sur l'emplacement d'une ancienne batterie ennemie.

Appuyé par les attaques en piqué de l'aviation et les bombardements précis de l'artillerie, le 2ᵉ bataillon marocain du commandant de Laborde-

Noguès s'empare de Montalivet à 9 h15.

En deuxième échelon, le capitaine Brun, commandant le bataillon mixte étrangers, est le témoin d'une action tout à fait héroïque : «Je vois arriver dans les dunes un attelage hétéroclite composé de deux chevaux qui essayent de tirer vers la plage un canon de 75. L'adjudant Bouat, aidé de quatre à cinq soldats —sans doute artilleurs, eux aussi— poussaient aux roues. Le capitaine Xavier Angliviel de la Beaumelle dirigeait le tout vers la plage pour pouvoir mettre ce canon dans notre progression. Le mouvement de la pièce fut pénible, mais le capitaine réussit à la mettre en place à 800 mètres environ de son objectif. Ce canon n'avait plus d'appareil de visée, aussi le capitaine visa-t-il par l'âme du canon. Il fallait faire vite, car le canon pouvait être vu par l'ennemi. Le capitaine commanda : premier coup, un peu à gauche du blockhaus... deuxième, un peu à droite... mais le troisième en plein dans le blockhaus qui fut atteint et ne tira plus.» (5)

Après cet exploit, le bataillon mixte étrangers du capitaine Brun passe en tête du dispositif et fonce vers le Nord. Sa progression au milieu des mines s'avère particulièrement délicate.

Le bataillon basque espagnol du commandant Rascle qui a brillamment enlevé la cote 40, avance entre les hautes dunes et la roue de Vandays-Soulac. Le 38e RI, dirigé par le commandant Gauthier, franchit le marais du pont de la Traverse et découvre un terrain déchiqueté par les bombardements : tout indique une fuite rapide des Allemands, de nombreux cadabres jonchent le sol. Au cours du déminage, quatre soldats du génie sont tués par l'explosion d'une mine.

L'artillerie allemande réagit rageusement sur l'ensemble du front. Les fantassins français doivent parfois se terrer pour éviter la précision des tirs. Malgré ce ralentissement, l'infanterie française réussit à rompre la résistance de Talais et à s'emparer vers la fin de la journée de la majeure partie de la zone précédant le fossé antichar à l'est de la forêt côtière et jusque sur la rive même de la Gironde. Le soir venu, la ligne atteinte est jalonnée par la dune de La Barrière, la passe de la Capzée, la lisière nord de Talais, le port de Saint-Vivien et la pointe aux Oiseaux.

Des renforts venant du front de Royan sont mis à la disposition de la brigade Carnot-Médoc : le 131e régiment d'infanterie, deux groupes d'artillerie du 32e régiment d'artillerie coloniale (un de 75 et un de 155 court), un escadron de tank-destroyers M10 du 1er Spahis et un escadron de chars Somua S35 du 13e Dragons. Le Somua S35 est un char de fabrication française d'excellente qualité : poids 20 tonnes, vitesse 40 km/heure, blindage frontal 55mm, armement composé d'un canon de 47mm et d'une mitrailleuse de 7,5mm.

Le 17 avril, la brigade Carnot-Médoc entame son quatrième jour d'offensive. Le bataillon mixte étrangers du capitaine Brun continue sa progression sur la plage Atlantique et la route cimentée parallèle. Il enlève

*Premiers prisonniers allemands le 15 avril 1945.*

*Prisonniers allemands le 16 avril 1945.*

d'assaut plusieurs blockhaus et fait 70 prisonniers allemands. Vers 15 heures, le bataillon doit repousser une violente contre-attaque soutenue par des canons et des mortiers.

De son côté le 38ᵉ RI avance sur l'axe Grayan-Soulac. Son 3ᵉ bataillon atteint le terrain d'aviation allemand situé au nord de Grayan et s'en rend maître en fin de matinée. Plus de 150 soldats allemands sont capturés. Le 1ᵉʳ bataillon qui a subi toute la nuit le bombardement ennemi quitte Grayan et prend position à la lisière nord du camp d'aviation avec le 3ᵉ bataillon.

A midi, le 3e bataillon franchit le fossé antichar et neutralise un blockhaus à la grenade. Mais l'attaque prévue doit être ajournée pour permettre l'arrivée de nouveaux renforts. Le soir, la ligne de progression est jalonnée par l'Amélie, La Greyère, le port et le canal de Talais.

Le colonel de Milleret présente à se officiers l'ordre n° 12 pour la journée du 18 avril 1945 : «Conquérir le fossé antichar en faisant effort par l'extrémité ouest et exploiter rapidement le succès en direction du Verdon, afin d'éviter au maximum les destructions de la dernière heure et, en particulier, la création d'une brèche risquant d'isoler la presqu'île du Verdon.» (6)

Le matin même, l'aviation renouvelle ses attaques, notamment contre une batterie de 88 au Nord de la Gironde qui se montre particulièrement agressive. Les Dewoitine D520, les P47, les S.B.D. et les Thunderbolt bombardent et mitraillent les positions qui sont bientôt réduites au silence. Ces appareils ont accompli depuis le début de l'offensive 196 missions en piqué et en «strafing».

L'artillerie du colonel Jacobson appuie efficacement l'assaut des coloniaux du régiment A.E.F./Somalie vers le fossé antichar. Plus à l'Ouest, le commando «Atlantique» du capitaine Olivaud-Adam progresse sur la route de Soulac. En liaison avec le 2e bataillon marocain, le commando enlève un important blockhaus et fait 60 prisonniers. L'officier allemand qui les commandait s'est donné la mort.

*Prisonniers allemands au nord de Montalivet le 16 avril 1945.*

*Un fantassin de la brigade Carnot fouille un blockhaus détruit par l'artillerie navale.*

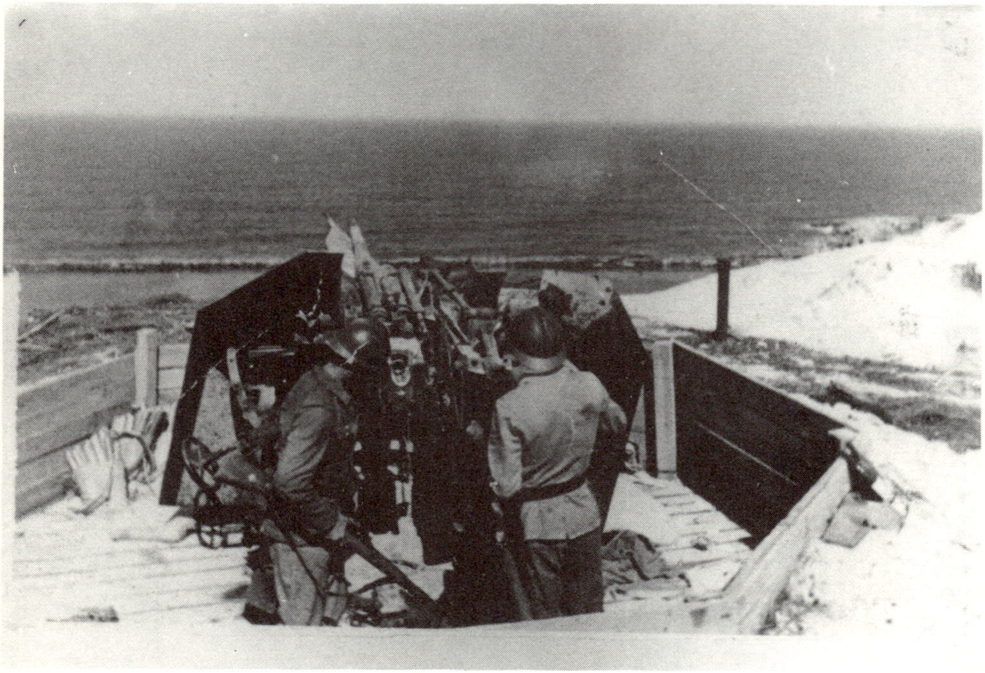

*Prise d'un canon allemand aux Huttes, le 19 avril 1945.*

Cinq chars Somua S35 du 13e Dragons viennent soutenir les commandos. Le char de tête engage un duel au canon avec un blockhaus qu'il neutralise facilement, 50 soldats allemands en sortent les mains en l'air.

Lors du passage d'une partie effrondrée du fossé antichar, un char Somua saute sur une mine ; il est immobilisé mais l'équipage est indemne. Le commando parvient finalement aux portes de Soulac, après avoir capturé 17 autres soldats ennemis.

Un groupement de choc du 38e RI, sous les ordres du commandant Baron, progresse derrière un escadron de chars Somua sur l'axe de la route Grayan-Soulac. En début d'après-midi, le groupement se heurte à une résistance acharnée. Les hommes ne peuvent avancer que de trous en trous. Les chars menacés par des pièces antichars habilement camouflées ont dû se mettre à l'abri. Le groupement de choc, malgré de lourdes pertes, devance les éléments du génie et sans attendre le passage des chars, ouvre des brèches dans les champs de mines.

En raison des nombreux nids de résistance ennemis, les combats font rage dans plusieurs quartiers de Soulac où les chars ont enfin rejoint les F.F.I. et le régiment A.E.F./Somalie.

De son côté, le 1er bataillon du 8e RI avance sur la route Grayan-Soulac. Un témoin raconte : «Le bataillon progresse dans un paysage lunaire, 500 mètres avant l'antichar. On ne reconnaît ni la route, ni les champs, tellement l'aviation et la marine ont labouré le secteur. Ce sont d'énormes entonnoirs ici et là, trois cratères à demi remplis d'eau devenue rouge du sang versé marquent l'emplacement de blockhaus allemands détruits ce matin. Il faut faire attention aux mines qui ont été projetées au milieu de la route par l'éclatement des obus aux alentours, de même aux tireurs isolés qui sont juchés dans les arbres avec leur fusil à lunette, laissant passer d'abord et visant dans le dos ensuite, spécialement les officiers.

«On passe la consigne : — Il y a des perroquets dans les arbres... transmettez aux copains...

«Des Allemands se rendent, mais la plupart se battent avec l'énergie du désespoir. La progression est lente, souvent stoppée pour permettre à l'aviation en piqué d'opérer des tirs au but. Le service de santé ramène les blessés vers l'arrière.» (7)

Le groupement de choc continue à avancer malgré la résistance allemande. L'extrait du journal de marche de la Compagnie de Choc Bretagne, résume bien la situtation :

«La route est dans le tir de l'artillerie allemande. Le lieutenant Riou décide de progresser à travers champs parallèlement à la route, et à droite. A Vieux-Soulac, rencontre d'un groupe du régiment A.E.F./Somalie qui vient de la droite. Nous sommes tous arrêtés par des casemates (Y 24) qui balaient la route. A ce moment, arrivent des chars. Le chef de peloton me dit qu'il a ordre de se mettre à ma disposition pour continuer la progression sur le Verdon. Nous faisons tirer les chars sur les casemates Y 24. A ce moment, la liaison est assurée, avec la gauche par un peloton de chars et 3 hommes du Corps Franc de l'Air qui se joignent à nous. La progression sur le Verdon reprend rapidement jusqu'aux Huttes. Aux Huttes, nous sommes attaqués par des groupes ennemis, embusqués dans les taillis à l'ouest de la route.

«Le soldat Quiec est blessé à la tête, les soldat Houideff à l'épaule. Nous repartons avec les chars et avançons toujours. Nous sommes arrêtés par la coupure de la route que les chars ne peuvent franchir. Des Allemands se rendent. D'autres se faufilent derrière les baraques en bois, lancent des grenades. Une incendiaire brûle au pied du 2e char que nous faisons avancer pour éviter l'incendie. Le sous-lieutenant David avec un char et un groupe, le lieutenant Riou avec un autre char, avancent entre les baraques pour les fouilles.

«Les Allemands se sont repliés. Le commandant Gauthier rejoint la compagnie à bord d'un véhicule que le lieutenant Riou a mis à sa disposition. Le lieutenant Riou va lui rendre compte. A ce moment, le sous-lieutenant David, qui est resté fouiller les baraquements, est blessé par une balle tirée de loin. Il est évacué à bord du véhicule.

«L'ordre nous est donné d'arrêter la progression. Nous reculons d'une centaine de mètres pour éviter l'explosion d'une baraque pleine de munitions qui brûle. La nuit arrive, les chars repartent vers l'arrière avec le soldat Duchesne, blessé par un éclat et un blessé Allemand.

Nous sommes relevés par des éléments venant de l'arrière.» (8)

Il s'agit du 1er bataillon (Penthésilée) et du 2e bataillon (Tarn-et-Garonne) du 38e RI qui prennent position au nord du cimetière.

Dans le secteur du régiment A.E.F./Somalie, le bataillon de marche du commandant de Benztmann reçoit pour mission d'atteindre le fossé antichar et le réduit bétonné. Le premier objectif est atteint, après une terrible progression à travers les marais de Lillian truffés de mines et sous un violent bombardement de 155 ennemis. Le dispositif adverse doit être enlevé à l'arme blanche. La 1ère compagnie pousse en direction de la dune des Huttes, soutenue par le tir efficace des mortiers de 81mm du capitaine Dols. Tous les objectifs sont finalement atteints vers 18 h30

Les cavaliers du 18e régiment de chasseurs à cheval subissent une violente réaction de l'artillerie allemande. Ils attaquent cependant avec une étonnante bravoure les positions ennemies et s'emparent en fin de journée du passage à niveau de Soulac.

De son côté, le 34e RI du lieutenant-colonel Dussarat (Léon des Landes) avance en direction de Neyran, sous un très violent tir de barrage. Les sections d'assaut subissent de lourdes pertes. La 6e compagnie compte en quelques minutes 5 morts et 11 blessés. Le carrefour de Néran occupé, la 6e compagnie progresse à proximité d'un blockhaus. Des pourparlers s'engagent pour obtenir la reddition des Allemands qui refusent d'abord

*Marocains du R.M.M.E. (Régiment Mixte Marocains Etrangers) à l'intérieur d'un blockhaus au nord de Soulac.*

*Prisonniers allemands dans les ruines de St-Vivien, le 16 avril 1945.*

puis se rendent dans le courant de la nuit.

Dans Soulac, Henri Amouroux, est blessé alors qu'il suivait la progression de la 2e compagnie du 8e RI.

Vers 20 heures, la 3e compagnie du 38e RI reçoit l'ordre de s'installer en ligne défensive au sud du village des Huttes. Elle est rapidement stoppée par le formidable armement de 22 blockhaus : 4 canons de 164mm, 3 canons de 75mm, 1 canon de 37mm, 2 canons de 20mm et plusieurs mitrailleuses !

Les 1er et 2e bataillons du 38e RI, comme le 3e bataillon du 131e qui arrive en renfort, subissent des pertes considérables devant ces ouvrages. Deux sections d'assaut s'enfoncent dans les bois sous les tirs allemands qui vont durer toute la nuit. Monsieur Paul Memaim, un des voltigeurs de la section Bourges, témoigne :

«Le bruit est infernal. Les cimes des pins craquent en permanence, le sol se jonche de branches.

«Beaucoup d'obus de mortiers tombent à quelques dizaines de mètres, vers le sud, ce qui nous laisse supposer que les tireurs allemands ne nous ont pas repérés.

«Cependant devant cette multitude de petits cratères qui se creusent dans le sable à notre droite, chacun s'attend à être touché d'un instant à l'autres ou à voir tomber un camarade mais à mon grand étonnement personne ne sera atteint.

*Canon allemand de 164mm endommagé aux Huttes.*

*Fantassins Français du 38e RI à Soulac-sur-Mer le 18 avril 1945.*

*Quelques uns des 111 canons allemands capturés par la brigade Carnot.*

«On arrive enfin en bordure de la voie ferrée et on espère bien pouvoir s'installer confortablement avec nos fusils mitrailleurs pour passer la nuit.

«Hélas nous sommes attendus par des tireurs allemands que nous apercevons distinctement pendant quelques instants malgré la nuit tombante. Une mitrailleuse à notre droite se met à balayer notre secteur nous obligeant à nous coller au sol avec tout notre chargement.

«Cette pièce semble occuper un emplacement imprenable, plus au nord en haut d'une dune coupée par la tranchée de la voie ferrée. Pour la réduire au silence on aurait souhaité retrouver le blindé qui nous a accompagné une partie de la journée depuis Lilian, mais malheureusement vers 19 heures nous avons vu les chars quitter le secteur et nous avons l'impression d'être de nouveau, les oubliés du front du Médoc.

«Heureusement la nuit est maintenant tombée et c'est avec une certaine satisfaction que j'apprends par notre camarade Juyon —qui assure avec beaucoup de risque la liaison avec le commandant de compagnie (Lieutenant Leger)— que notre section doit rejoindre le côté est de la route.

«Entre deux salves de fusées éclairantes lancées par les Allemands nous prenons position dans une friche située entre la route et le marais.

«Le terrain est graveleux et le creusement des trous individuels avec les casques prend beaucoup de temps. Avec la pluie d'obus qui tombent dans le secteur c'est de nouveau un miracle qu'aucun de nous ne soit touché. Malheureusement cette chance nous quittera à l'aube du 19 avril.» (9)

*Combats dans Soulac.*

Le capitaine de Gaudusson, commandant le 1er bataillon du 8e RI, apporte les précisions suivantes :

«En fin de journée, le bataillon s'installe aux lisières nord et nord-est de la ville, alors que de violents tirs d'artillerie allemands s'abattent très en avant de nous ainsi qu'à proximité de notre secteur. Ces tirs dureront toute la nuit sous forme de harcèlement. Tant et si bien que le P.C. du bataillon, installé dans une villa, dû quitter précipitamment les lieux pour aller se réinstaller dans le lazaret tout proche. Quel spectacle à l'intérieur : des blessés français et allemands entassés ici, là, partout dans une chaleur suffocante. Impossible de respirer. Nous repartons au plus vite hors de cet ouvrage bétonné pour respirer à l'air libre : de toute façon, c'est plus sain.

«Dehors comme dedans, nous ne savons toujours rien de la situation, mais il est facile de comprendre qu'au delà de Soulac, en direction de la pointe de Grave, il y a des troupes qui se font décimer.» (10)

La position atteinte au soir du 18 avril est jalonnée d'ouest en est par les lisières nord de Soulac, le Vieux-Soulac, la route du Vieux-Soulac aux Huttes. Les Allemands ne tiennent plus qu'un triangle de terre extrêmement réduit avec le Verdon et la pointe de Grave. Pourtant la résistance devient de plus en plus opiniâtre.

Toujours agressifs et vigilants les soldats allemads soutiennent de fréquents combats à la grenade. Ils utilisent également avec audace des petits canons antichars, ne craignant pas de les mettre à découvert pour tirer quelques projectiles avant de les reculer à l'abri dans les habitations ou les casemates.

Les Français, qui font preuve d'une magnifique combativité, se heurtent également aux formidables obstacles que sont les mines. Parmi elles, les S42 antipersonnel ou Schumine ont la réputation d'être les plus vicieuses. L'arrachement d'un pied est le résultat le plus fréquent de leur explosion, qu'une pression de 5 kilos sur le couvercle de l'engin suffit à provoquer. Est également utilisée, la mine bondissante «S». Projeté à la verticale par une charge de dépotage enterrée, son corps actif, un cylindre métallique bourré de billes d'acier, explose à hauteur d'aine du malheureux qui a actionné l'allumeur. Les blessures sont horribles. Dans certains cas, le Allemands emploient des caissettes en bois remplies d'explosifs dont ils se servent comme mines de circonstance. Les détecteurs électromagnétiques sont alors incapables de les localiser.

*

**

Achever la conquête de la presqu'île du Verdon est le mot d'ordre du colonel de Milleret. Dans la nuit du 18-19 avril, le 3e bataillon du 131e RI se met en route depuis le terrain d'aviation de Grayan pour rejoindre sa position de départ au sud des Huttes. Il rencontre bientôt la 3e compagnie du 38e RI dont les soldats sont toujours abrités dans des trous individuels en attendant l'ordre d'avancer. L'artillerie ennemie redouble d'intensité et concentre ses tirs sur les secteur. La 3e compagnie déplore en peu de temps deux morts et une dizaine de blessés.

Le jeune soldat Delaube a une jambe déchiquetée. Un chirurgien allemand qui vient d'être fait prisonnier va l'amputer dans le blockhaus-hôpital tombé la veille.

Au petit jour, les compagnies de tête du 3e bataillon du 131e RI se déploient dans les marais et les dunes qui bordent la route de Soulac au Verdon. Elles sont clouées sur place près du village des Huttes par une dizaine de blockhaus dont l'armement comprend : 1 canon de 50 mm, 5 canons-mitrailleurs de 20mm et 15 mitrailleuses ! Les pertes françaises du 131e RI sont lourdes ; 16 tués et une centaine de blessés. La 3e compagnie est réduite à une quinzaine d'hommes ! En fin de journée, l'appui des chars permet aux fantassins de s'emparer de certains ouvrages des Huttes.

Le 1er bataillon du 8e RI qui a passé une nuit d'enfer dans Soulac, poursuit le nettoyage du secteur et fait de nombreux prisonniers.

Le 34e RI doit s'élancer à l'attaque du Verdon. Un témoin raconte : «Dans la nuit de mercredi à jeudi, la 6e compagnie s'installe à l'ouest de la maison «La gare» et de «La longue» le long d'un ruisseau qui constitue un excellent abri contre les bombardements. La plupart des hommes grelottent dans les vêtements humides. L'adjudant-chef Carlot et la section de commandement restés au sud de port Talais viennent ravitailler la compagnie. Pendant plus de 10 km ils portent sur l'épaule les lourdes caisses de vivres et de munitions n'hésitant pas à traverser un champ de mines. Au retour ils essuient un bombardement. Vers 5 h30 du matin, quelques obus tombent non loin de la compagnie. A 8 h30 l'ordre est donné d'avancer en direction des «Grandes Maisons» (500 mètres à l'ouest du Verdon). La 2e section commandée par l'adjudant Labat est en tête de la compagnie et progresse rapidement dans un terrain marécageux où les hommes doivent se mettre à l'eau jusqu'à la poitrine. Des chars tirent au 75 et l'aviation facilite la marche de la compagnie.

«A 11 heures, la 2e section arrive aux «Grandes Maisons» et à 11 h30 elle entre dans le Verdon où elle fait de nombreux prisonniers et libère les soldats français pris par l'ennemi et gardés dans un camps. Les 1ère et 3e sections arrivent à leur tour et nettoient toute la partie nord de la ville... 12 h 30, une formation allemande (80 hommes) occupant le blockhaus situé à 30 mètres au nord-ouest de la gare du Verdon, se rend au groupe du lieutenant Frisou. A 13 heures ce groupe se replie quelques minutes avant un bombardement aérien fait par notre aviation. Dans l'après-midi de nombreux Allemands viennent se rendre aux soldats de la compagnie... A 19 heures, les 6e et 10e compagnies se dirigent vers

*Prisonniers allemands à la suite de la campagne du Médoc.*

*Soldats allemands capturés à Soulac par le 38ᵉ RI.*

*Char Somua S35 du 13^e^ régiment de Dragons sur la route Grayan-Soulac, le 18 avril 1945.*

*19 avril 1945, progression du 131^e^ RI derrière les chars M10 du 1^er^ régiment de Spahis Marocains.*

l'ouest, atteignent la voie ferrée longeant la côte de l'Atlantique et arrivent à 600 mètres environ de la Pointe de Grave, mais ne peuvent attquer de nuit les nombreux nids de résistance ennemie.» (11)

Au soir du 19, la conquête de la Pointe de Grave n'est pas achevées ; résistent encore 26 blockhaus (S 331), où s'est réfugié le colonel Prahl, et 10 autres blockhaus (S 305), où le capitaine de corvette Birnbacher galvanise la volonté de ses fusiliers marins du bataillon Narvik.

Il faut une dernière journée de combats pour réduire ce qui subsiste de la position fortifiée de la Pointe de Grave. A 12 heures, la compagnie Gaudusson, du 8$^{e}$ RI, atteint le fort du Verdon. En fin de matinée, à 12 h50, le colonel Prahl et la garnison S331 se rendent. Mais la garnison Narvik (S305) poursuit encore sa résistance malgré les bombardements de l'artillerie et de l'aviation. Encerclée, attaquée de toutes parts, la garnison Narvik tient encore jusqu'à la fin de la journée et envoie jusque là des messages radios à l'O.K.W. de Wiesbader en Allemagne :

«13 h15 : Colonel Prahl de la forteresse prisonnier. Birnbacher tient toujours.

«13 h45 : attaque infanterie repoussée, grosse attaque de bombardiers en piqué.

«14 h10 : rassemblement de blindés devant la position.

«15 h00 : blindés en marche.

«17 h20 : nouvelles propositions refusées. Sommes dernier point d'appui, continuons le combat.

«18 h20 : Plus grosse attaques d'avions. Ennemi pénétré dans position. Nous combattons de blockhaus en blockhaus.

«18 h40 : l'ennemi s'approche de notre groupe de blockhaus. Cela ne va pas durer longtemps. Nous allons faire sauter les appareils.

18 h45 : Ennemi devant le blockhaus. Nous sautons. Vive l'Allemagne... Vive le Fürher...» (12)

Cependant, à 20h 30, le capitaine de corvette Birhbacher se rend avec ce qui reste de ses fusiliers marins, une centaine environ.

Ainsi se termine le 20 avril, cette bataille de la Pointe de Grave, qui a coûté cher en vies humaines et en destructions. la brigade Carnot-Médoc a subi des pertes très lourdes : 400 morts ou disparus et 1000 blessés !

La garnison allemande a perdu environ 600 tués dont la plupart par bombardement, et 320 blessés dénombrés. Le reste environ 3 000 hommes, dont une soixantaine d'officiers sont prisonniers.

En 7 jours de combat, une brigade F.F.I. a enlevé d'assaut une véritable forteresse qui comprenait 110 blockhaus et 111 canons. Tous les spécialistes militaires de l'époque (Français, Britanniques, Américains et Allemands) estimèrent qu'il faudrait un mois à la brigade Carnot-Médoc pour réduire au silence une position aussi importante.

La rapidité avec laquelle les Français s'étaient emparés d'un objectif qui avaient si longtemps défié les Alliés, la fougue dont ils avaient fait

*Chenillette-blindée Renault de la brigade Carnot au nord de Talais.*

preuve, impressionnèrent grandement amis et ennemis. Les termes du compte rendu du colonel de Milleret au général de Larminat sont plus qu'évident : «L'infanterie en particulier... est maintenant à l'aise. Ardente, manœuvrière, déjà bien habituée aux canons et aux mortiers ennemis, elle constitue un instrument de bonne qualité entre les mains du commandement. Après les durs combats du début, elle s'est vite ressaisie. Les cadres se sont comportés admirablement. Les jeunes Français du rang se sont conduits de façon parfaite, donnant l'exemple et payant ardemment de leur personne.

«La liaison la plus complète a toujours existé entre l'infanterie et l'artillerie. Un officier d'artillerie s'est toujours trouvé avec les troupes d'attaque et les interventions demandées furent rapides et efficaces.» (13)

*
**

Sur le front de Royan, les combats ont été aussi acharnés. Les F.F.I. de la division Gironde et les fusiliers marins du 1er régiment de la 2e division blindée se sont battus comme des lions pour venir à bout, après cinq jours de combats, de 150 blockhaus et 120 canons. En 48 heures, les batteries françaises ont tiré 4 950 obus (3 120 de 90, 1338 de 155 et 500 de 75).

Pour conclure l'action des troupes françaises sur les poches de l'Atlantique, le dernier mot revient au bataillon de fusiliers marins Rochefort. Après quelques escarmouches et accrochages qui lui permettent de se faire la main, cette unité d'élite est engagée dans la conquête de l'île d'Oléron qui débute le 30 avril 1945.

Le bataillon fait partie de la première vague d'assaut, avec deux compagnies du 50$^{e}$ RI et des éléments du génie, sous les ordres du lieutenant de vaisseau Dupin de Saint-Cyr. Les fusiliers marins établissent dès 8 heures du matin une solide tête de pont au sud de l'île. trente prisonniers ont été faits dès le débarquement, peu après 6 heures. Le bataillon progresse rapidement vers le nord, atteignant avant la nuit le village des Alassins, où les Italos-Allemands se sont solidement retranchés, passant même à la contre-attaque. Mais celle-ci est stoppée par un tir de mortiers. Les fusiliers marins italiens, sous les ordres du lieutenant de vaisseau Massimi Di Pace, vont résister héroïquement jusqu'à la dernière cartouche.

La fin victorieuse des combats continentaux est annoncée par le général de Larminat : «En sept jours de bataille, les forteresses de Royan et de la Pointe de Grave ont été conquises.

«10 000 prisonniers ont été faits.

«De nombreux ennemis jalonnent de leurs cadavres les puissantes fortifications du mur de l'Atlantique d'où elles barraient les accès du port de Bordeaux.

*Le blockhaus-hôpital des Allemands au nord de Soulac.*

«La bataille a été très rude, car l'ennemi s'est défendu âprement, sans esprit de recul ni de capitulation.

«Elle a été victorieuse, parce que les troupes du corps d'attaque ont combattu avec courage, intelligence et cohésion.

«Les unités d'origine F.F.I. ont étonné leurs anciens, non par leur ardeur que l'on connaissait, mais par leurs qualités manœuvrières et leur sang-froid de vieille troupe.

«Tout cela a bien marché, parce que tout le monde s'est battu avec tout son cœur en ne pensant qu'à son pays. C'est une belle leçon dont nous ne perdrons pas le sens.

«Soldats, aviateurs, marins du corps d'attaque, vous pouvez être fiers de votre œuvre, vous avez bien mérité de la patrie.» (14)

(1) Lieutenant-colonel Jolit, capitaine André Dartigues et Mr Paul Memain : le front du Médoc (une brigade F.F.I. au combat). Bordeaux.
(2) Archives de la Fédération des Anciens Combattants du front du Médoc et de la brigade Carnot. Bordeaux.
(3) René Andrieux dans le journal «Le partisan du Lot».
(4) Henri Amouroux dans le journal «Sud-Ouest».
(5) Lieutenant-colonel Jolit, capitaine André Dartigues et Mr Paul Memain : le front du Médoc (une brigade F.F.I. au combat). Bordeaux.
(6) Archives de la Fédération des Anciens Combattants du front du Médoc et de la Brigade Carnot. Bordeaux.
(7) Idem.
(9) Journal de marche de la compagnie de choc Bretagne.
(9) Lieutenant-colonel Jolit, capitaine André Dartigues et Mr Paul Memain : le front du Médoc (une brigade F.F.I. au combat). Bordeaux.
(10) Archives de la Fédération des Anciens Combattants du front du Médoc et de la brigade Carnot. Bordeaux.
(11) Idem.
(12) Idem.
(13) Service Historique de l'Armée de Terre. Paris.
(14) Idem.

*Messe du 38^e RI sur la plage de Soulac, le 18 avril 1945.*

*Le blockhaus-hôpital entre les mains de la brigade Carnot.*

*Champs de bataille au sud de Soulac.*

*La reddition du colonel Prahl le 20 avril 1945.*

*La reddition du capitaine de corvette Birnbacher le 20 avril 1945.*

*Grayan, 22 avril 1945, le général d'aviation Corniglio-Molinier, le colonel de Milleret, le général de Larminat et le général De Gaulle. «L'opération du Médoc est une réussite française», écrira plus tard le général De Gaulle dans ses mémoires.*

*Le défilé de la victoire à Bordeaux, le 27 avril 1945. (A gauche le commandant Boissarie, à droite le commandant Reverdy).*

*La Brigade Carnot défile place de La Comédie.*

*Défilé de la victoire aux Quinconces à Bordeaux.*

*Sur la place des Quinconces, le général de Larminat décore le drapeau du 8ᵉ RI présenté par le colonel Noireau.*

*Monument national du Corps Franc Pommiès (49e RI) à Castelnau-Magnoac dans les Hautes Pyrénées.*

# DOCUMENTS ANNEXES

# I
# FIGURES DE LA RESISTANCE DU SUD-OUEST

RAOUL BATANY (l'un des plus jeunes résistants de France). DOCUMENT DE LA BRIGADE CARNOT.

Né le 26 janvier 1926, ce jeune élève de l'école David Johnston de Bordeaux se signale dès 1941 par des actes hostiles à l'occupant. Traqué par la Gestapo, il est obligé de gagner la région Languedoc-Roussillon ; membre du mouvement «Combat», agent de liaison, secrétaire régional des Mouvements Unis de la Résistance (M.U.R.), chef d'un groupe Franc, grièvement blessé dans une embuscade, Raoul Batany est finalement arrêté le 16 juin 1944. Torturé par la Gestapo dans la villa des Rosiers, il est sauvagement exécuté par la Milice dans la caserne Lauwe à Montpellier le 14 août 1944, quatre heures avant la libération de la ville !

Monsieur Paul Memain, élève en 1941 à l'école David Johnston, témoigne : «En réalité, malgré son très jeune âge, l'action menée par Raoul Batany à David-Johnston a été beaucoup plus marquante et ressenti même après son départ pour Tarbes.

On peut affirmer qu'il a su préparer le réveil patriotique de ses camarades dès l'année 1941, la plus noire de l'occupation pour les collégiens des villes occupées, comme ceux de notre école qui avaient beaucoup de raisons de désespérer.»

CHARLES WURSTEISEN (Créateur des bataillons de l'O.R.A. dans le département du Lot). DOCUMENT DU MEDECIN-CAPITAINE GUY BOURCART, MEMBRE DU C.F.P.

Nommé, en novembre 1942, sous-préfet de Gourdon dans le Lot, Jacques Bruneau, qui était chargé de mission permanente par Londres, reçut au début de l'année 1943 la visite d'André Malraux qui, à ce moment-là, exécutait une mission dans le département limitrophe de la Dordogne.

André Malraux était accompagné de l'officer de liaison anglais Jack. Malraux demanda à Bruneau de mettre sur pied deux bataillons de l'O.R.A. dans le Lot, afin de pouvoir tenir un important terrain. Un plan prévoyait un débarquement allié simultanément dans la Manche et en Méditerranée et il s'agisait d'empêcher des divisions blindées allemandes situées dans la région de Montauban et de Toulouse de monter vers le nord.

Vers la fin de 1943, Jacques Bruneau trouva le capitaine Wursteisen (Charles dans la Résistance) qui arrivait dans le Lot comme commandant d'une unité de travailleurs militaires, chargée d'enterrer les lignes téléphoniques vers Toulouse. Wursteisen entra, grâce à M. Bruneau, en contact avec l'Organisation de Résistance de l'Armée (O.R.A.) qui le présenta dès son arrivée à Jean Admirat, l'un des organisateurs de la Résistance dans la région de Gourdon. Au cours de plus de cinquante rencontres nocturnes à la Sous-Préfecture de Gourdon, fut mise au point l'organisation du maquis d'une part et l'organisation d'une levée de volontaires armés destinés à être mobilisés seulement au moment du débarquement afin de ne pas attirer l'attention des autorités de Vichy et des Allemands.

Pour mettre cette organisation sur pied, M. Bruneau chercha à obtenir le transfert à Gourdon de certains éléments militaires qui avaient subsisté depuis la dissolution de l'armée de l'armistice en novembre 1942.

En réquisitionnant l'ancien hôpital de Gourdon, transformé en école militaire, M. Bruneau put y loger le 5e escadron motorisé de la garde mobile que les Allemands avaient fait évacuer de Perpignan. Par ailleurs il réquisitionnait un vieil hôtel de Gourdon pour y loger l'effectif d'un chantier de jeunesse de l'armée de l'air que les Allemands avaient délogé des Alpes. Malheureusement, sur les 2 000 jeunes attendus, seulement une vingtaine, dont quelques officiers et sous-officiers purent rallier à temps.

Enfin M. Bruneau, ancien officier de marine avait gardé contact avec celle-ci et avait pu replier à Gourdon l'école de gendarmerie maritime (école de fusiliers marins camouflés) que les allemands expulsaient de Toulon. C'était un renfort appréciable de 120 sous-officiers de carrière avec 5 officiers d'active.

Avec l'aide de Charles Wursteisen, tout de suite quelques officiers acceptèrent de préparer le travail d'encadrement des futurs maquis, reconnaissance des terrains et des cantonnements, futurs dépôts d'essence et de munitions, réception des armes reçues sur le Causse, lors des parachutages par les avions britanniques.

Parmi ces officiers il faut citer le lieutenant Rivallan, le médecin-capitaine Bourcart et l'enseigne Malgorn.

Sous la direction du sous-préfet Bruneau et de Charles Wursteisen de nombreux sabotages sont organisés sur les voies ferrées et sur les lignes d'électricité à haute tension.

Avant le débarquement, un petit noyau de maquis qui se trouvait à Prouilhac fut détecté par la police de Vichy. 400 G.M.R. conduits par l'intendant de police Hornus de Toulouse entreprirent une violente action qui, connue à temps de M. Bruneau, permit au maquis de décrocher, avec armes et vivres, sans tirer un coup de feu.

Charles Wursteisen fut donc l'homme et le créateur efficace de l'organisation de l'O.R.A. dans le Lot. Sans lui il est à peu près certain que nous n'aurions pu faire ce qui a été utilement fait.

Le commandant Charles Wursteisen sera tué au combat à Autun, le 10 septembre 1944.

LEON DUSSARRAT (Léon des Landes). DOCUMENT DE LA BRIGADE CARNOT.

C'était un personnage hors-série. Sa petite taille, sa douceur, les rondeurs d'un langage qui fleuraient bon l'humour et la sensibilité s'alliaient à une étonnante personnalité faite à la fois de fermeté, d'obstination et d'intelligence.

Autant de vertus qui, avec la soif de liberté, firent de lui une des grandes figures de la Résistance en Aquitaine.

C'est en effet Léon Dussarrat qui monta dès le début de l'occupation, avec Camille Bouvet le mouvement de Résistance landaise, le structura, le réorganisa lorsqu'il y eut trahison et conduisit des centaines de combattants clandestins tant dans les Landes que dans les Pyrénées-Atlantiques. Son activité de chef de la résistance justifierait un long récit.

M. Michel Renaud, d'Orthez, qui fut son agent de liaison dans la clandestinité, nous a confié : «Léon des Landes était vraiment un chef exceptionnel, d'une droiture exemplaire et d'un caractère hors du commun. En s'engageant totalement dans la Résistance, il sut réunir des hommes d'horizons politiques différents et tous l'aimaient et le respectaient. Il a risqué sa vie et celle de sa famille, bien souvent, car il était traqué par la Gestapo. Nous avons d'ailleurs failli être pris plusieurs fois. Jamais il n'a failli à sa parole et il a cultivé des amitiés tout à fait extraordinaires, y compris celle de Churchill qui l'a fait inviter à la cour de Londres pour qu'il soit honoré, après la guerre.»

De nombreuses distinctions lui furent décernées : la médaille du roi d'Angleterre «pour acte de courage dans la cause de la liberté», croix de guerre 1939-1945 avec deux citations, la médaille de la Résistance avec rosette, la croix de Combattant volontaire...

## II
## UNITES COMBATTANTES

DIVISIONS ALLEMANDES DANS LE SUD-OUEST EN JUIN 1944. DOCUMENT DU SERVICE HISTORIQUE DE L'ARMEE.

*Le bataillon Charles Wursteisen du C.F.P. à Lourdes le 30 août 1944.*

YIRON
N "CHARLES"
DES 30-8 1944.

- 11e division blindée (Gironde-Dordogne).
- 708e division d'infanterie (Gironde).
- 159e division d'infanterie (Landes).
- 276e division d'infanterie (Pyrénées Atlantiques).
- 19e division d'infanterie (Ariège-Aude).
- 2e division blindée SS Das Reich (Gers).
- 189e division d'infanterie (Tarn et Garonne - Haute-Garonne).

Au cours des mois de juillet et d'août 1944, l'articulation initiale va être modifiée. Par éléments successifs, la 2e DB SS Das Reich, la 276e DI et la 708e DI quitteront le Sud-Ouest. En échange, arriveront la 716e DI, la 198e DI et la Division de Bohème.

## ARTICULATION ET COMPOSITION DES DIVISIONS ALLEMANDES. DOCUMENT DU SERVICE HISTORIQUE DE L'ARMEE.

- Division d'Infanterie 1944 : 3 régiments d'infanterie, 1 régiment d'artillerie. 13 000 hommes, 53 canons de 75mm, 12 canons de 20mm, 37 canons de 150mm, 18 mortiers de 81mm, 12 mortiers de 120mm et 108 panzerfaust (lances Roquettes).
- Division Blindée 1944 : 1 régiment de chars, 1 bataillon lourd autonome (dans certains cas), 2 régiments motorisés, 1 régiment d'artillerie. 15 000 hommes, 45 chars lourds, 96 chars moyens, 130 pièces d'artillerie de 75 à 150mm.

## COMPOSITION DU CORPS FRANC POMMIES LE 6 JUIN 1944. DOCUMENT DU C.F.P.

- Un Etat-Major : Chefs Pommiès, du Temple de Rougemont, Ginestet, Le Magny, Amiot, Scheider, La Lance, Wateville et Carreras.
- Groupement de combat Bénony : bataillon Maupéou (750 hommes) et bataillon de Carrère (500 hommes).
- Groupement de combat Miler : bataillon Maratier, bataillon de l'Ariège et 4 compagnies indépendantes (1 000 hommes au total).
- Groupement de combat Cramaussel : bataillon Wursteisen (380 hommes) et bataillon Vignaudon (400 hommes).
- Groupement Désiré Ernst : bataillon Célerier Gave et bataillon Ribourt (600 hommes au total).
- Groupement de Clerck : bataillon Voisin (300 hommes), bataillon Reboul (500 hommes) et bataillon Unbekandt (200 hommes).
- Groupement Céroni (458 hommes).
- Groupement de Milleret : bataillon de Milleret (500 hommes).

Le total général des unités organisées s'élève à 6 000 cadres et soldats.

A cet effectif, il faut ajouter 3 000 hommes en réserve, prêts à être mobilisés.

COMPOSITION DE LA BRIGADE CARNOT LE 13 AVRIL 1945. DOCUMENT DE LA BRIGADE CARNOT.

- Secteur Ouest du front du Médoc, placé sous le commandement du lieutenant-colonel Reverdy :

Régiment mixte marocains et étrangers du commandant Chodzko : 1er bataillon de volontaires étrangers (Basques et Espagnols), commandant Rascle, 2e bataillon marocain, commandant de Laborde-Noguès. 3e bataillon, commandant Cottaz. 3e bataillon, commandant Léon du Blayais.

- Secteur Centre du front du Médoc, placé sous le commandement du colonel Candau :

Régiment A.E.F./Somalie du colonel Appert : bataillon de marche 14, commandant Kuntz. Bataillon de marche 15. Bataillon de marche Somalie, commandant de Bentzmann.

18e régiment de marche d'Extrême-Orient : bataillon de marche d'Extrême-Orient.

18e régiment de chasseurs à cheval du commandant Klein : 2 escadrons (capitaines Fontaine et Douence).

- Secteur Est du front du Médoc, placé sous le commandement du colonel Baril :

34e régiment d'infanterie du lieutenant-colonel Dussarat : 1er bataillon, commandant Claverie. 2e bataillon, commandant Duchez. 3e bataillon, commandant Barret. 5 pièces de 80mm, 3 pièces de 83,3mm, 12 pièces de 75mm, 7pièces de 155mm et 4 pièces de 105mm. Un total de 31 pièces d'artillerie.

## III

## EXTRAITS D'UN RAPPORT CONCERNANT LES RELATIONS DU BATAILLON WURSTEISEN DU C.F.P. AVEC LES RESISTANTS COMMUNISTES. DOCUMENT DU MEDECIN-CAPITAINE GUY BOURCART (MEMBRE DU C.F.P.)

Le Front National (proche du parti communiste) au début nous aide et nous dépanne. Mais les relations se refroidissent et la raison nous en est données : «Nous ne sommes pas un mouvement reconnu officiellement. Nous sommes des fascistes.» Qui l'aurait cru ? Pourtant personne parmi nous ne pense l'être. Et notre sympathique François, qui se targue d'être anti-militariste, socialiste convaincu, mais avant tout Français, en reste coi. Une sincère amitié nous lie, une confiance réciproque complète nous unit. Nous sentons alors qu'une lutte sournoise va être menée contre nous. Nous n'avons pas tort.

La compagnie de Grammat, malgré les décisions prises en commun avant le débarquement, s'installe près du P.C. des F.T.P. et bien qu'armée et ravitaillée par nous, passe avec armes et bagages à ce mouvement. Nous comprenons très bien que, patriotes fervents, ses chefs ne veulent pas rester plus longtemps dans une formation «fasciste». Et l'on verra les «antifascistes» de cette unité ne pas se servir des armes, tandis que les «fascistes» se bagarreront de Meyronne et Gourdon à Cahors et Montauban et dans les Vosges en passant par Lourdes, Pau et Autun : l'histoire a jugé.

Nous ne sommes pas au bout de nos peines. Les chefs F.T.P. du coin commencent leurs tournées, pas électorales, mais calomnieuses. Les sections sont visitées et il nous faut lutter pour retenir nos petits gars. Nous y réussirons ; et la section de St-Sozy seule déserte. Les armes leur avaient été enlevées ; mais devant les déclarations d'Andral jurant qu'il restait avec nous, elles lui avaient été remises. Quelle naïveté !... Nos rapports ne furent jamais cordiaux avec les chefs F.T.P., la faute ne nous en incombe pas, signalons-le simplement sans insister : jaloux de notre organisation et surtout de notre armement, les chefs F.T.P., Georges en tête, menacèrent plus d'une fois de nous prendre par la force des armes que nous refusions de leur donner volontairement, et pour cause. Ils savent d'ailleurs profiter de l'extraordinaire parachutage du 14 juillet —trop abondant et dispersé— pour avoir une partie du butin. Sur les routes, où ils avaient établi des barrages, ils prétendaient contrôler nos voitures et nos ordres de mission... Plus tard au début d'août s'étant emparés des raffineries de carburant de Decazeville, ils refusèrent de nous laisser nous y ravitailler comme auparavant. Mauvaise tactique d'ailleurs, car après deux ou trois jours les Allemands revenaient en force les déloger et emporter les stocks dont ils nous avaient refusé le bénéfice. Tel était leur jalousie...

Le Français moyen a souvent critiqué la Résistance. Il ne la comprenait pas toujours, et il faut reconnaître qu'il n'avait pas toujours tort. Sans doute les méthodes pouvaient différer de groupe à groupe. Il y en avait cependant qu'il eut été préférable de ne pas employer. Elles ont fait plus de torts que rendu service. Ainsi au printemps 1944, le chef F.T.P. Georges (dont les galons augmentaient d'une unité à chaque lune) inaugure un moyen de propagande qui causa les plus grands ravages dans le Segala et la Causse de Grammat. Il occupait en nombre, pendant quelques heures les centres importants puis disparaissait dans les bois. Mais chacune de ces sorties était aussitôt signalée aux Allemands, qui, à leur tour, apparaissaient, pillaient, incendiaient, fusillaient et emmenaient de nombreux otages jusqu'en Allemagne, d'où beaucoup ne sont pas revenus. Ainsi en fut-il à Latronquière, Sousceyrac, Figeac, Grammont, St-Céré... Sans compter les vols à mains armées, sous couvert de la Résistance —dans les fermes, les bureaux de tabac, ou les postes, les perceptions... Le C.F.P., comme le groupe Veni (tendance socialiste) réprouvaient ces méthodes et n'eut qu'à en souffrir...

Des divergences vinrent aussi des tactiques différentes. Ainsi le sabotage prenait une allure toute particulière chez les F.T.P. Des heurts surgirent souvent à ce sujet ; les F.T.P. étaient souvent partisans des destructions totales, de mutilations d'œuvres d'art et difficiles à réparer, alors que le C.F.P. (Corps Franc Pommiès) préconisait un sabotage restreint et tout aussi efficace par son opportunité. Il s'opposa toujours aux destructions, inutiles d'ailleurs, des grands ponts ou viaducs, alors qu'il suffisait de coupures habilement faites, ou de petits ponts sautés, pour empêcher efficacement le trafic. Le grand viaduc de Souillac, en particulier, a été l'objet de polémiques réitérées. Fort heureusement les sages l'emportèrent et il fut épargné.

Nos relations avec le groupe Veni furent amicales, sincères, exemptes de tout nuage, nous nous sommes aidés mutuellement et le parachutage de Padirac le 14 juillet nous voit étroitement unis.

## IV

## LE GROUPE VIRA : TITULAIRE DE 15 OPERATIONS CONTRE L'OCCUPANT. DOCUMENT DE MONSIEUR ROGER PERE (MEMBRE DE LA RESISTANCE).

C'est un jeune sportif, le capitaine Vira, dans l'illégalité, Viadieu dans le civil, qui commande ce groupe rendu célèbre à Toulouse par ses nombreux et brillants exploits.

Nous nous souvenons encore d'avoir applaudi, en 1942 le cycliste Viadieu sur les routes de la région toulousaine. Mais en mars 1943, Viadieu réunissait des hommes et devenait Vira.

Simple, modeste, aimé de tous, aimant à prendre des risques comme tout coureur cycliste sait le faire, Vira ne tarda pas à se distinguer par des coups de main heureux effectués au nez et à la barbe des miliciens ou des agents de la Gestapo.

Nous allons vous rappeler quelques-unes des quinze opérations d'envergure qu'il dirigea avec un calme imperturbable, en véritable chef qui sait ce qu'il veut.

Ce fut tout d'abord la récupération, un matin, place de la Daurade, d'une camionnette contenant les cartes d'alimentation, suivie d'une visite aux établissements Aubanel, où il escamota tout un stock de manteaux de cuirs destinés à ces Messieurs de la Milice.

Ensuite, il prit une part active au premier sabotage de la Poudrerie.

Un autre jour, aux Pont-Jumeaux, il attaqua le dépôt d'essence et s'en retourna avec 5 000 litres du précieux liquide.

Douze agents de la Gestapo furent mis hors d'état de nuire et ce fut enfin la libération du colonel Madier pendant son transfert à l'hôpital.

Ces exploits, où il risquait sa vie à chaque fois, ne pouvaient être accomplis que par un chef tel que Vira.

Depuis la libération, le Groupe Vira compte plus de 300 hommes, les groupes de Portet, Pinsaguel, la Croix-Falgarde étant venus se rallier à lui. Tous ces hommes capturèrent de nombreux Allemands ou Italiens errant dans la région.

Le 11 septembre 1944 fut un grand jour pour ce jeune chef intrépide. Rue Labéda, à son quartier général, il avait convié un représentant de chacune des armées alliées.

Autour de la table, on notait la présence des lieutenants Sanders et Stone, représentants anglo-américains ; le lieutenant Steens, représentant la Belgique ; le lieutenant Koulev, représentant l'U.R.S.S. ; et le lieutenant Alfred, représentant les volontaires étrangers du groupe Philippe.

Le colonel Noettinger, commandant la subdivision militaire, félicita chaudement le capitaine Vira, qui fut interviewé par un correspondant de guerre français auprès des armées alliées, venu spécialement de Paris en avion pour communiquer au pays ses impressions sur cette rencontre franco-alliée.

Vira, un Toulousain, un sportif, est devenu un chef militaire qui a droit aux plus vifs éloges.

## V

## CREATION ET CONSTITUTION DU BATAILLON PENTHESILEE. DOCUMENT DE LA BRIGADE CARNOT.

Ce bataillon fut créé entre le 5 et le 8 septembre 1944 au camp de Crespy à Talence, par le regroupement des différents Corps Francs F.F.I. de l'agglomération bordelaise, constitués d'une part de résistants volontaires pour continuer la lutte contre les Allemands repliés en Médoc à la pointe de Grave, d'autre part de jeunes patriotes désireux de participer à cette lutte.

Ce bataillon fut placé sous le commandement d'un authentique barou-

*Le commandant Chodzko du bataillon Penthésilée.*

deur de la Légion Etrangère, le célèbre commandant Chodzko titulaire de quarante décorations, et d'une jambe de bois.

C'est lui qui donna à ce bataillon le nom de «Penthésilée» du nom de la fameuse reine des Amazones, en Turquie, qui aida Priam à la fin de la guerre de Troie et qui fut tuée par Achille.

Ce bataillon fut intégré dans la brigade Carnot et devint l'une de ses ossatures :

- Corps Franc de Caudéran.
- Corps Franc de Talence.
- Corps Franc Souillié (groupe franc Dominique, O.C.M.).
- Compagnie Wander-Stocken.
- Groupe Chodzko-Dufrenois.
- Groupe Camille.
- Groupe Léger.
- Groupe Georges.
- Groupe Pons.
- Groupe Yvon.

Il fit mouvement vers le Médoc le 17 septembre 1944. Le commandant Chodzko, authentique descendant des rois de Pologne, était une figure légendaire.

Ses colères étaient célèbres, mais son génie de l'organisation militaire était fameux ; avec des moyens dérisoires, il bâtissait une opération et celle-ci réussissait.

Ses formules étaient réputées :
«Et vive la Légion N... de D...».
«Aux burnes... et pas de quartiers...».
«Je vais vous faire fusiller !»

C'était avant tout un extraordinaire meneur d'hommes ; c'était bien le chef qu'il fallait pour coordonner l'action, trop souvent dispersée, des Corps Francs nés de la Résistance et fondre en un même moule plus de six cents volontaires d'origine très diverses.

Que ce soit à la tête du bataillon Penthésilée, du 7e R.I.C., ou au moment de l'attaque, du régiment mixte Marocains Etrangers, il fit preuve des qualités réelles d'un véritable «chef de guerre».

Le bataillon Penthésilée fut composé de six compagnies :
- 1ère compagnie commandée par le capitaine Marc Brun.
- 2e compagnie commandée par le lieutenant Martin.
- 3e compagnie commandée par le lieutenant Léger.
- 4e compagnie commandée par le lieutenant vand der Stocken.
- 5e compagnie commandée par le capitaine Malivert.
- 6e compagnie commandée par le capitaine André Dartigues.

VI

# CORPS FRANC POMMIÈS

**49e REGIMENT D'INFANTERIE**

## CITATION
## A L'ORDRE DU CORPS D'ARMEE

Référence :

Ordre Général N. 194 en date du 22 Novembre 1944
Transmis sous N. 30.236 — I/CH

ORDRE GENERAL N. 194
Le Général d'Armée de LATTRE de TASSIGNY
Commandant la 1re Armée Française

CITE A L'ORDRE DU CORPS D'ARMEE
LE CORPS FRANC POMMIES

Corps Franc à l'effectif d'une Brigade, déjà réputé par ses brillantes actions contre l'ennemi dans la Région du Sud-Ouest, prend, sous le Commandement du Colonel *Pommiès,* une part décisive dans la poursuite de l'ennemi. —

Transporté dans la région du Morvan, s'est, par une marche audacieuse et rapide, jeté en travers des colonnes ennemies, les harcelant durant les 7, 8 et 9 Septembre, jusqu'aux portes *d'Autun.* —

A provoqué, après de durs combats, en liaison avec l'Armée d'Afrique, la capitulation d'une troupe de 3500 Allemands, dont plus de 850 ont été faits prisonniers par les seules Unités du Corps Franc.

Brigade très manœuvrière et ardente, qui incarne l'esprit offensif des troupes du Sud-Ouest."

P.C. le 22 Novembre 1944
Signé : *de Lattre.* —

# CORPS FRANC POMMIÈS

**49e REGIMENT D'INFANTERIE**

## Extrait du Journal Officiel du 6 Janvier 1946

---

### Décision N° 1215 à l'Ordre de l'Armée

49e Régiment d'Infanterie : régiment d'élite composé de jeunes volontaires venus des groupes de résistance du Sud-Ouest de la France qui, sous les ordres du **Lieutenant-Colonel POMMIES**, qui les avait réunis dans la clandestinité et entraîné dans les opérations de résistance, s'est couvert de gloire au cours des campagnes des Vosges, d'Alsace, de Bade et du Wurtemberg. Engagé du 25 septembre au 20 octobre 1944 avec la division blindée dans le secteur de Servance, dans des conditions matérielles extrêmement défavorables, a attaqué et manœuvré l'ennemi sans répit, lui infligeant des pertes sévères, occupant successivement Melay, Ternay, Saint-Hilaire, la Forge, les positions du Col du Drumont et du Toly. Après un court répit, a de nouveau été engagé le 11 novembre avec la Ne division française libre dans le secteur de Château-Lambert (Vosges) puis avec la Ne division d'infanterie algérienne à partir du 22 novembre 1944. En dépit de la neige et de la boue, a toujours fait preuve d'un moral splendide et d'un mordant sans relâche, harcelant l'ennemi nuit et jour. Malgré les violentes réactions d'un ennemi très supérieur en nombre, a occupé successivement la Tête de Gehan, le Thillot, Fresse, la Hutte. Le 29 novembre 1944, s'est emparé par surprise du sommet du Drumont, réalisant le premier la percée du dispositif adverse sur la crête des Vosges, facilitant ainsi le débordement du Col de Bussang par le nord et le débouché sur la vallée de la Thur. Après avoir libéré Oderen et Fellering, a maintenu un dur contact pendant deux mois, puis a obligé l'ennemi à abandonner les hauteurs de l'Est de Kruth (Alsace). Le 5 février 1945, a franchi, au cours d'un raid audacieux à travers la montagne et dans la neige, la dernière route des crêtes des Vosges et réalisé, à Linthal, la liaison avec les unités françaises venant du sud. Entré en Allemagne le 1er avril par une manœuvre de nuit hardie et rapidement menée, s'empare du quartier nord de la ville d'Eppingen, solidement tenue; le lendemain, termine brillamment la conquête de la ville, enlevant à l'ennemi un nœud de communications important, sur lequel repose la défense. Poursuivant sa progression avec brio, manœuvrant sans cesse, enlève successivement Steebach, Guglingen, Zabergeid, Eibensbach et Brackenheim, pour aboutir à la prise de Cleebronn, âprement défendu. Placé ensuite sur la ligne de l'Enz, occupe un front de 25 km., conquiert Walheim, et fixe pendant la manœuvre de Plorzheim des effectifs ennemis très supérieurs aux siens. Le 19 avril, enlève Nussdorf, le 20 parcourt 15 km. dans la nuit, brise la résistance adverse à l'Est de Dittingen, et entre dans Stuttgart, le 21 avril au soir. Au cours de toutes ces opérations, a fait plus de 2.500 prisonniers et capturé un important matériel.

## BIBLIOGRAPHIE

Archives Départementales de la Gironde, des Pyrénées Atlantiques, des Landes, des hautes-Pyrénées, de la Dordogne, du Lot-et-garonne, du Gers, du Lot, de la Haute-garonne et du Tarn et Garonne.

Archives de la Brigade Carnot, du Corps Franc Pommiès, du Service Historique de l'Armée, du journal Sud-Ouest.

Otto Abetz : Pétain et les Allemands. Paris 1948.
Colonel Adeline : La libération du Sud-Ouest. Alger 1948.
Victor Alexeenko : dans les monts de Dordogne. Volgograd 1972.
Henri Amouroux : La vie des Français sous l'occupation. Paris 1976.
Henri Amouroux : Le peuple du désastre. Paris 1976.
Henri Amouroux : Les beaux jours des collabos. Paris 1978.
Henri Amouroux : Le peuple réveillé. Paris 1979.
Claude Angéli et Paul Gillet : Debout partisans !. Paris 1970.
Etienne Anthérieu : Le drame de l'armée d'armistice. Paris 1946.
Robert Aron : Histoire de Vichy. Paris 1954.
Robert Aron : Histoire de la Libération de la France. Paris 1959.
Robert Aron : Histoire de l'Epuration (3 tomes). Paris 1967-1974.
Amiral Auphan : Histoire élémentaire de Vichy. Paris 1971.
Emmanuel d'Astier : De la chute à la Libération de Paris. Paris 1965.
Philippe Aziz : la Gestapo Française en province. Paris 1972.
Philippe Aziz : Les dossiers noirs de l'Occupation (3 tomes). Genève 1979.
Jacques Baraduc : Archives secrètes du Reich. Paris 1949.
Serges Barrans : Mouleydier, village martyr. Bordeaux 1945.
Jean Bart : La Dordogne martyre. Périgueux 1946.
Jean Bart : Histoire d'un groupe franc du Maquis de Dordogne. Périgueux 1945.

Colonel Bauer : la guerre des blindés (2 tomes). Paris 1962.
Maurice Baumont : La faillite de la paix. Paris 1967-1968.
Général de la Barre de Nantheuil : Historique des unités combattantes de la Résistance (8 tomes). Paris 1970-1976.
Georges Beau et Léopold Gaubusseau : Les SS en Limousin, Périgord et Quercy. Paris 1965.
Pierre Bécamps : Libération de Bordeaux. Paris 1974.
Pierre Bécamps : L'affaire Grandclément empoisonne la Résistance bordelaise. Historama janvier 1983.
Roger Bellanger : Dordogne en armes. Périgueux 1945.
Guillain de Bénouveille : Le sacrifice du matin. Paris 1946.
Henri Bernard : Histoire de la Résistance européenne. Paris 1968.
Georges Bonnet : Le Quay d'Orsay sous trois républiques. Paris 1961.
André Brissaud : la dernière année de Vichy. Paris 1965.
Colonel Buckmaster : Specially employed. Londres 1952.
Colonel Buckmaster : They fought alone. Londres 1958.
Anthony Cave Brown . la guerre secrète (2 tomes). Paris 1981.
Arthur Calmette : O.C.M. Paris 1961.
Général Céroni : Le Corps franc Pommiès (2 tomes). Toulouse 1980-1984.
Claude Chambard : Histoire mondiale des maquis. Paris 1970.
Commandant Chambert : Liberté (historique du C.F.P.). Paris 1947.
Jacques Chastenet : De Pétain à de Gaulle. Paris 1970.
Choiseul-Praslin : Cinq années de Résistance. Paris 1949.
A. de Dainville : L'O.R.A. Paris 1974.
Jacques Delarue : Histoire de la Gestapo. Paris 1962.
Jacques Delperrié de Bayac : Histoire de la Milice. Paris 1968.
David Diamant : Les Juifs dans la Résistance française. Paris 1971.
Jean Dumont : Les grandes énigmes de l'occupation. Genève 1970.
Jean Dumont : Histoire secrète de la Gestapo (4 tomes). Genève 1971.
Paul Durand. La S.N.C.F. pendant la guerre. Paris 1968.
Robert Dufourg et Geneviève Mange : La bataille pour la pointe de Grave. Bordeaux 1955.
Robert Escarpit : Les va-nu-pieds. Paris 1982.
Raymond Escholier : Maquis de Gascogne. Genève 1945.
Alfred-Fabre Luce : Journal de la France. Paris 1969.
Yves Farge : Rebelle, soldat et citoyen. Paris 1946.
Jacques Fauvet : Histoire du Parti Communiste Français. Paris 1964-1965.
Léo Figuères : Jeunesse Militante. Paris 1971.
André Figueras : Faux résistants et vrais coquins. Aulnay-sous-Bois 1974.
M.R.D. Foot : S.O.E. in France. Londres 1966.
Fred : Bataillon Violette. Saint-Yrieix 1975.
Fred : La brigade Rac. Saint-Yrieix 1977.
Jean Freire : Les Maquis au combat. Paris 1970.
Michel Garder : La guerre secrète des Services Spéciaux français. Paris

1967.
Roland Gaucher : Histoire secrète du Parti Communiste Français. Paris 1974.
Général de Gaulle : Mémoires de guerre (3 tomes). Paris 1959.
Pierre Gaxotte : Histoire des Français. Paris 1972.
Marie Granet : Défense de la France. Paris 1960.
Groussard : Services Secrets. Paris 1964.
André Geraud : La Résistance à Arcachon. Arcachon 1984.
Guérin : Mouleydier, centre de la Résistance. Bergerac 1947.
Gérard Guicheteau : La «Das Reich» et le cœur de la France. Paris 1974.
Marie Granet : Ceux de la Résistance. Paris 1964.
Georges Guingouin : Quatre ans de lutte sur le sol Limousin. Paris 1974.
André Halimi : La délation sous l'occupation. Paris 1983.
Max Hastings : La division «Das Reich» et la Résistance. Paris 1963.
Jean-Marcel Henry : Marais sanglants (Le Médoc en guerre). Talence 1985.
Historama n°32 : L'internationale S.S. Paris 1973.
Lieutenant-colonel Jolit, capitaine André Dartigues et M^r^ Paul Memain : Le front du Médoc (une brigade F.F.I. au combat). Bordeaux s.d.
Gabriel Jeantet : Pétain contre Hitler. Paris 1966.
R. du Jonchay : La Résistance et les Communistes. Paris 1968.
Anny Latour : La Résistance juive en France. Paris 1970.
Jean Lacouture : André Malraux. Paris 1974.
Marc Leproux : Nous, les Terroristes (2 tomes). Paris 1974.
G. Loustaunau-Lacau : Mémoires d'un français rebelle. Paris 1948.
Phillips Lucas : Opération «Coque de noix». Paris 1957.
Pia Leonetti Carena : Les Italiens du maquis. Paris 1968.
Auguste Lecœur : Le partisan. Paris 1963.
Auguste Lecœur : Le parti communiste français et la Résistance. Paris 1968.
Dominique Lormier : Les guerres de Mussolini. Paris 1989.
Claude Levy : Les parias de la Résistance. Paris 1970
Sir basil Liddell Hart : Histoire de la Seconde Guerre Mondiale. Paris 1973.
Joëlle Le Gallic : L'action des Soviétiques dans la Résistance française. Bordeaux 1974.
Michaël Marrus et Robert Paxton : Vichy et les juifs. Paris 1981.
Léon Mercadet : la brigade Alsace-Lorraine. Paris 1984.
Kenneth Macksey : The Partisans in Europe in World War II. Londres 1975.
Henri Michel : Histoire de la Résistance en France. Paris 1987.
Henri Michel et B. Mirkine-Guetzévitch : Les idées politiques et sociales de la Résistance française. Paris 1954.
Henri Michel et Olga Wormser : Tragédie de la déportation. Paris 1954.

Henri Michel : Les mouvements clandestins en Europe. Paris 1974.
Henri Michel : Histoire de la France Libre. Paris 1979.
Henri Michel : Les courants de pensée de la Résistance. Paris 1963.
Henri Michel : Bibliographie critique de la Résistance. Paris 1963.
Henri Michel : Jean Moulin l'unificateur. Paris 1970.
Hnery Michel : Vichy, année 40. Paris 1966.
Henri Michel : La Seconde Guerre Mondiale (2 tomes). Paris 1976-1979.
Henri Michel : La guerre de l'ombre. Paris 1970
Henri Michel : Pétain, Darlan, Laval, trois politiques ? Paris 1972.
Henri Michel : Pétain et le régime de Vichy. Paris 1978.
Marianne Monestier : Elles étaient cent et mille femmes dans la Résistance. Paris 1972.
Georges Morquin : La Dordogne sous l'occupation allemande. Périgueux s.d.
Andrew Mollo : Les forces armées de la dernière guerre. Paris 1981.
Edouard Nogués : Les Allemands à Saint-Astier. Tarbes 1945.
Henri Noguères : Histoire de la Résistance en France (5 tomes). Paris 1967-1981.
Colonel Passy : Missions secrètes en France. Paris 1951.
Colonel Passy : Souvenirs (2 tomes). Paris 1947-1948.
Robert Paxton : La France de Vichy. Paris 1973.
Francis Pottier : Le commando Hispano. Pau 1975.
Guy Penaud : Histoire de la Résistance en Périgord. Périgueux 1985.
Hector Ramonatxo : Ils ont franchi les Pyrénées. Paris 1955.
Colonel Rémy : Mémoire d'un agent secret de la france libre (3 tomes). Paris 1959-1961.
Joseph Restany : Une entreprise clandestine sous l'occupation allemande. Paris 1948.
Philippe Robrieux : Histoire intérieure du Parti Communiste. Paris 1980.
Saint-Paulien : Histoire de la Collaboration. Paris s.d.
Raymond Sereau : L'armée d'armistice. Paris 1961.
Colonel Schneider : Le sens de leur combat. Dole 1974.
Carl Schmitt : La notion de politique. Théorie du partisan. Paris 1972.
Jacques Soustelle : Envers et contre tout (2 tomes). Paris 1950.
Michel Slitinsky : La Résistance en Gironde. Bordeaux 1970.
Charles Tillon : Les F.T.P. Paris 1962.
Pierre Trouillé : Journal d'un préfet pendant l'occupation. Paris 1964.
Van Hecke : Les Chantiers de la Jeunesse au secours de la France. Paris s.d.
Dominique Venner : Les armes de la Résistance. Paris 1976.
Général Weygand : Le général Frère. Paris 1949.

Revues - Journaux :

Historama, Historia, Une épopée de la Résistance (Alpha), Revue d'Histoire de la Deuxième Guerre Mondiale, La Gazette des Armes, Cibles, Dossier H. Militaria, Troupes d'Elite, Sud-Ouest, La Petite Gironde, l'Etoile Noire, l'Argus du Périgord, La Dordogne Libre, le Figaro, le Matin, Libération, Présent, l'Humanité, France Libre, Le Populaire, Rivarol, Le Monde, la Voix de la Résistance, La Voix de la Libération, Forces Françaises, l'Express, Le Nouvel Observateur, Soutanes de France, La Croix, La France de Bordeaux, Voix Ouvrières, Journal de la France, Lectures Françaises, Miroir de l'Histoire.

# TABLE DES MATIERES

 Ce livre a été imprimé chez Pollina à Luçon - 85 - France. La photocomposition est de CS Rogé à Bordeaux - 33. Mise en page du studio des Editions Sud-Ouest à Bordeaux. Photogravure de Bretagne Photogravure à Bruz - 35. La couverture a été tirée par Raynard à la Guerche de Bretagne - 35 - et pelliculée par DCP à Château-Gontier - 53. Le brochage est de AFBO à Luçon - 85.
ISBN 2.9059.8396.1 — Editeur 064.02.03.01.90 — N° d'impression 11996